K 凱特文化
KATE

Knowledge 知識 * Adventure 冒險 * Taste 品味 * Enlightenment 思維

愛旅行系列*給你一場精采的閱讀旅程

林雙亭

達人家的幸福自由行

日本關東全記錄

序

讓你的寶貝跟你一起展開旅程

　　高中畢業後，我就去日本唸書，從那時候開始就愛上了旅遊，而且偏愛自由行，每次出國，我老公會建議我把訂飯店的工作交給旅行社辦，但是完美主義的我反而喜歡自己來，因為我覺得自己最瞭解自己的需求，知道旅行的目的之後，再去訂飯店、好好規劃行程，而不要每次出國只去一個地方，只玩一件事，而是充分地利用時間。有了小孩以後，有時出差時順便安排幾天假期，帶著小孩一起出去玩，反正都要出國了，趁這個機會可以把出差跟旅行的結合在一起，再加上我跟爸爸都捨不得把小孩丟在家裡，希望他們能體會工作跟娛樂結合的樂趣。

　　帶小孩出國，自由行是很合適的方式，自由行跟旅行團最大的不同就是能夠讓小孩子跟你一起冒險，一起進行準備工作，一起去經歷自由行會遇到的問題，小孩也會從中學到做事情的方法，懂得規劃這趟旅行怎麼走，可以學到什麼，而不是指揮他該學些什麼，這樣他反而會覺得很無聊。如果我們能事先告訴他：這次要去動物園，會到看什麼，要做些什麼，他們就會抱持著期待的心情著去學習。

　　這本書集結了我過去帶小孩到日本自由行的經驗，雖然先前我也曾經帶他們到法國、英國自助旅行過，但是相較之下，日本是自由行最好入門的地方最簡單的地點，以東京為首，日本的旅遊資訊非常豐富，對待旅客也十分友善，很安全。所以搞不好孩子唸到高中後，我就會放他們自己去日本自助旅行。至於其他地方，像是大阪、北海道、九州等地點，甚至是其他曾經去過的國家，難度又比東京高一些，希望以後有機會再分享經驗。

當初去旅行的時候並沒有出書的想法，很單純就是家庭旅遊的紀錄，我很喜歡當攝影師，將家人的互動記錄下來，這些都是很美好的回憶。本來我也只是用照片記錄旅遊日記，偶爾拿出來回想當時的情景，也可以幫小孩們整理複習旅遊過後的記憶，不會到長大就忘記了，過程中不只是我回憶而已，還讓小孩不斷的重溫當時愉快的時光，而那些回憶畫面跟小孩子的對話也會同時浮現在腦海中，真的很好玩。

　　出了這麼多本書，之前都聚焦在我的專業領域上，但我相信這本旅遊書會非常不一樣，它很生活化，也很實用，我是真心跟大家分享自己的經驗，希望爸爸媽媽們可以學會怎麼讓孩子從旅遊中學習，這也是一種很好的課外教學。像我的孩子就很羨慕我會講日文，他曾經跟我說：「好好喔！妳都聽得懂鹹蛋超人講什麼！我長大後也要到日本唸書，我要跟妳一樣。」去過日本幾趟後，現在他也會講一些日文：像是早安、謝謝之類簡單的字彙，也知道很可愛叫卡娃依，而且他很喜歡模仿我講，好像一台錄音機一樣我講什麼他就跟著放什麼，旅行確實啟發了他們學習語言的興趣。

　　但是，我最希望的是讀者看了這本書，能夠有真的想出去走走的念頭。如果你看了本書而自己規劃行程，而且去我推薦的景點玩，去吃我推薦的美食，或者學我們一樣以租車方式旅行，我會很開心，也會很有成就感，讓我更有動力將我的經驗與體驗，跟大家分享，現在就與我一同進入關東自由行吧！

名人序

一隻兔子在橋上跳　Jett

　　己經凌晨兩點多了，隱約聽到 Judy 悄悄關上門的聲音，因工作的關係忙到現在，在睡前她親了親小孩；隔天，Judy 和往常一樣，六點半起床，送小孩上學再送我上班。這是 Judy 每天早上必做的行程，即使再忙她也從沒缺席過，對她而言，陪伴著家人是她最在乎的，甚至比工作更重要。

　　能照顧好家人是她最快樂的事，旅遊也是，Judy 去了 n 趟日本，感覺得出來，只要帶著小孩一起的話，她顯得特別開心。從行程的規劃及預定，她都一手包辦，每次都會讓我們玩得盡興且豐富，也因此她也感到許多的滿足和成就感。我們都認為一趟完美的旅程除了完美的事前規劃外，更重要的是全家人的同遊。

　　全家人在一起，就有幸福的感覺。幾天前，做了一個心理測驗，key 代表金錢，兔子代表愛情，橋代表選擇，然後自己想一個故事，最後，我的故事就是在平和的森林裡有隻兔子在橋上跳，想告訴妳的是，那兔子就是妳，而妳始終是我們最好選擇。

資深公關人&網路作家　瑪格

　　最近，Judy 到香港進行為期一週的廣告拍攝工作。回台灣當晚我們碰面，她臉上偶爾掠過難得一見的疲憊，直到講起小孩，她表情才又活起來。

　　其實她是想講笑話，笑談兩個兒子與她分離一週，乍見媽媽的不同反應！卻見她邊講邊笑邊掉淚……那一刻我心想，認識將近十年，處女座凡事但求完美的她，永遠在這個時刻最美！

　　認識Judy緣起於除紋霜的公關活動，那時候她剛懷第一胎，我的大女兒才幾個月

大；或許因為彼此工作默契十足外，還可以一起聊媽媽經，慢慢就變成無話不談的好朋友。

我們的組合，一向她在幕前，我在幕後，這次她出版親子旅遊書，找我寫序，實在令人受寵若驚！不過我想，她知道我對她有一份了解吧！了解她心之所繫，家庭與親子關係永遠是第一順位。

了解她，如果不管做什麼，到哪都可以帶著孩子，一起。

那就海角天涯都不要分開。

. . . .

LULU老師

對我而言，練習瑜珈是一種小旅行，看一本書也是一次小旅行，因為忙碌的生活，所以我需要安排適當的旅程，在生活當中我允許自己安排許多的小旅行，但是每一年我會安排一次大旅行，因為這是生命中真正的大休息，旅遊可以讓我們暫時放空，完全充電，累積更多的能量，如同練習瑜珈一般。與自己心愛的老公及孩子一起旅遊，可以促進全家的親密感與依附感，有了亭亭老師的好推薦，相信可以帶給許多想要旅遊的媽媽及爸爸們，更多優質的旅遊境地，並且以更簡單容易的方式，安排生活中的大旅行與小旅行，亭亭時尚媽咪很貼心的幫大家把旅遊的所有大小細節都一一詳述，裡面的資訊不但充足，也很實用，可以節省我們很多時間和金錢，輕鬆規劃和寶貝的旅遊計畫，你是否也和我一樣蠢蠢欲動，想要拎起行李及寶貝一同放假一下呢？讓我們跟著亭亭老師一起來趟日本自由行吧！

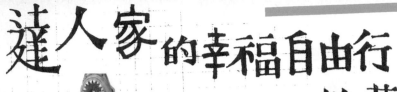

達人家的幸福自由行 推薦首選

富士山

富士山有很多野生動物園還有很多森林遊樂園，小朋友們可以體驗大自然，還有，大人小孩都愛的富士急遊樂園喔！

東京

哇！遊樂園好刺激好好玩喔！我們要去迪士尼樂園也要去HELLO KITTY，真棒！什麼？我們還可以去台場玩電動，媽咪萬歲！

島根　鳥取

山口　廣島　岡山　神戸　京都　福井

佐賀　福岡　　　　　　　　　　大阪　滋賀　岐阜

長崎　　　　　　　　香川　　　　　奈良　　愛知

熊本　大分　愛媛　高知　德島　　和歌山　三重

宮崎

鹿兒島

石川

東海

鄂霍次克海

北海道

日本海

青森

秋田

岩手

山形

宮城

新潟

福島

群馬　櫻木

埼玉　崎城
東京
神奈川　千葉

太平洋

沖繩

秋田

想要體驗和風文化，見識日本不一樣的風情嗎？到秋田，帶著孩子滑雪、泡湯、吃美食，來一趟豐富的知性之旅吧！

輕井澤

媽咪，輕井澤好美喔！有好多博物館、美術館還有博物館耶！還有我們最愛的蛋包飯，真是太好吃了！

目錄

Part 1

準備出發囉！

周詳的行前規劃，是幸福親子旅遊第一步

PART 2

瘋東京

Part 3

輕井澤 Karuizawa 租車兜風趣

帶著孩子一起悠閒地日本文豪最愛的避暑勝地吧

PaRt 6

時尚媽咪親子旅遊私房秘技

親子旅遊私房秘技

讓你跟孩子玩得更開心

PaRt 4

悠遊美景富士山

帶孩子來個兩三的短期旅程，
盡情接受大自然洗禮吧

PART 5

和風與雪的國度－秋田

傳統而淳樸的秋田，
讓你跟孩子體會濃濃的日本文化

小編的話

■ 匯率計算　新台幣1元 = 3.5413 日幣（資料日期97.06.23）
網路上也有可以查閱每日匯率的網站喔！
http://tw.money.yahoo.com/currency_exc_result?amt=
1&from=USD&to=TWD

■ 書中附上的網址，有些除了日文之外也同樣附有中文
與英文網址喔！歡迎讀者多多使用。

■ 本書有附許多旅遊資訊，以及各項設施所需的價錢，
這些是當時去當地遊玩與在出書之前所查詢過的資料
最新版本，如果讀者去遊玩時，有遇上假期或是使用
不同的配套，那所花費的金額不在此列喔！

Part 1

準備出發囉！

周詳的行前規劃，
是幸福親子旅遊第一步

　　每年到了寒暑假，我都會安排一趟家庭旅行，和孩子一起出去玩，帶他們到不同的國家體驗不同的風土民情及生活方式，開闊他們的視野，培養他們的世界觀，更可以激發他們對不同語言的好奇與學習興趣。我兒子每次看到我用英日文和外國人溝通的時候，都會很好奇地問：「他們在說什麼？他們在說什麼？」很想知道我們的對話，好奇心可以讓他們更想外國語言呢！

　　雖然很多父母都覺得帶小孩出國玩很麻煩，跟團是最佳選擇，但我覺得只要行前準備周詳，自由行就是最棒的方式！

　　自由行的好處很多，比方說行程可以自己決定，不用急急忙忙跟團早出晚歸。聰明的消費，還能以更少的預算玩到更多的行程，其實日本網站和飯店都有很多優惠行程和促銷。此外，還可以玩到一般跟團行程以外的景點。媽咪們也會很有成就感呢！

　　自由行對孩子們來說也是一種獨立思考的學習，比方說在規劃行程的時候，我都會讓小孩一起參與，像是選擇飯店或是去哪裡玩，讓孩子擁有一定的決定權，會讓他

們更加期待這趟旅行，在旅行之中的所見所聞也會變成很多收穫。每次結束旅行時，小孩總是無法調適心情而感到落寞，像我的大兒子要從東京回台北的時候，都快掉眼淚了，很難過地說他不想回家，我都會說：「如果你乖，下次還可以再來玩啊！」這也是小孩的必修課，可以讓他學會收心喔！

▼ 這是我每次出差在車站收集的旅遊DM，對自由行是非常有參考價值的喔！

日本親子行，多元豐富、安全又放心

我之所以推薦日本做為親子旅遊的第一站，是因為跟其他國家比較起來，在日本自由行最方便、最簡單！首先，日本旅遊資訊很完整，服務也很細心，記得有一次我的朋友到日本迪士尼樂園玩，不小心在一個台階上絆倒了一下（沒有真的跌倒或受傷），只見服務人員多達十位衝上前，關切詢問有沒有受傷，還推了輪椅要我朋友坐下到休息室觀察，也一直道歉說不好意思沒做好的台階讓你跌倒了。聽了這個故事，雖然覺得要是發生在台灣，可能會有點誇張，但日本這樣子的態度，讓爸比媽咪放心許多，而且日本的醫療也很進步，要是孩子真的生病，也有很好的照顧。

日本的交通系統也非常方便，不論是坐地鐵、火車、租車都十分便利。而且日文有許多中文字其實台灣人是可以認得的，所以在交通上也不需要太擔心。記得我以前在

日本唸書的時候，不同的電車路線或種類還得買不一樣的車票，如今車票都已經完全統一了，路線也越來越多，它可以讓你穿越大街小巷，是瞭解當地人生活的一種體驗，也是旅行中另外的樂趣！不過值得一提的是，日本人其實很怕客訴，所以讀者在自由行時，如果發生一些狀況，是對方的問題時，還是要據理力爭，以保障自己的權益喔！

林葉亭 達人家の幸福自由行

 旅行前的準備功課

計畫旅行，省錢又自主

　　有沒有心動呢？做功課是自由行很重要的一環，它可是決定每趟旅行是否成功的關鍵呢！

　　我很喜歡自由行，也很喜歡自己規劃行程，當我找資料時腦海裡往往已經跟著玩過一遍，會有很多想像的畫面浮出來，非常有趣！所以在我決定要去旅行之後，我一定會很認真且仔細地做好功課，通常是兩、三個月前就開始找資料了。即使是沒去過的景點，只要資料找得夠完整，先熟悉它，在真正操作時做一些調整，就會知道哪一種方式是自己最喜歡的，最適合自己的。

　　出發前有一些一定要先思考的重點！你可以先寫下來，和家人一起討論

1. 旅遊的目的為何？

　　是親子旅遊？還是夫妻情侶出遊？若是親子旅遊，行程的安排就要盡量能夠讓小孩能夠舒適、方便並且能增長見識為主。旅遊的目的可是和行程安排息息相關的！

2. 要去幾天？

　　必須考慮到夫妻之間或家裡的人工作狀況及小孩學校的課程安排來決定，這是要提前計畫的環節之一，也可以依不同的遊玩地點來調整旅行的天數。

3. 要去哪裡？

　　假設是情侶一起出遊，浪漫的地方絕對不能錯過，但如果是親子旅遊，除了好玩、開心，更重要的是能夠讓孩子體驗不同的世界，有些暑假的行程是日本四大主題樂園之旅，同質性可能會太高，體驗學習的機會就少很多。所以去的地方當然要適合闔家共享，小孩子開心，大人也能夠滿足。

　　以上的幾個重點一定要事先決定，這可是會影響到之後的班機、飯店、景點的選擇，也許你會覺得，平常上班那麼累，怎麼會有那麼多時間找資料、做功課呢？其實我也都是利用工作之餘或午休時間，以及晚上空閒的時間查詢，提早幾個月計畫，零碎的時間加起來其實就綽綽有餘了！

　　我都會在旅行前兩、三個月前開始計畫準備。我們一家四口共兩大兩小（現在哥哥九歲，弟弟六歲），一般來說一家四口去東京旅遊的話，在寒暑假旺季大約要花十二萬台幣左右，當我們很早開始規劃時，說不定就可以找到優惠方案而節省很多錢，不僅省錢還可以得到老公的誇獎呢！

善用表格規劃行程

　　我在規劃行程的時候都會畫一個表格，列出所有的資訊，可以幫助自己更清楚各個行程之間需要安排多少時間，還有行李的安排等等，非常實用喔！

　　有了表格，你就可以對自己安排好的行程一目瞭然，照著行程走，時間也可以很隨性，安排好每天的預算、時程及時間，在哪個景點玩多久？交通時間需要多長？便不會偏離計畫太多，也比較不會發生沒玩到的遺憾，在當地才開始緊張地查詢電車時刻或景點的營業時間是自由行中很掃興的事情，有個朋友和我說，她有次去關島，事前買了一本旅遊書做了一點功課，就因此省下不少公車費用，因為她買了一張七天內可以通用的公車周遊卡，就至少省了幾百元，多出來的錢，可以讓全家大小吃得更好、住得更好喔！

日期	第一天	第二天	第三天	第四天	第五天
地點					
詳細景點					
交通方式					
住宿					
預算					
備註					

Q：如何讓小孩更有參與感？

如果不知道要選擇哪些景點時，我都會問孩子的意願，如果預算或交通條件都相同，我會讓小孩子選擇他想要去的地方，孩子會進一步對於自己選擇的飯店、餐廳……等等，產生期待的心情和畫面，父母和孩子也可以乘著計畫旅行有更多的互動。比方說要去動物園，藉此機會讓小朋友先去瞭解有關動物的知識，並在遊玩中一一去驗證增長見識讓旅程更難忘！

2. 交通便利之省時省錢計畫

訂機票超級省錢術

查詢資料的第一步，就是要找到是否有飛到當地的便宜機票，尤其現在油價飆漲，樣樣東西都很貴，找便宜機票就變成很重要的功課！台灣有很多旅遊網站都可以查詢到各個航空公司的機票，想要找到便宜機票，可以在網站上查詢「計劃票」。

「計劃票」是最便宜的國際機票，比一般機票大約可以便宜2000元~3000元不等喔！唯一的缺點是來回程都不能更改日期、班機，需要在訂票時就確定，而且開票後就無法辦理退票。如果你非常確定自己的旅行時間，就可以用超省錢的價格買到便宜機票囉！

通常計劃票分為：早去晚回、午去晚回

只要有小朋友搭乘飛機時，航空公司都會發贈小拼圖，在機場等飛機時全家可以一起玩拼圖，時間就不知不覺的過去了。

……等等，早去晚回價格最高，很多人都會為了省錢而選擇午去晚回的機票，卻沒有想到，通常下午的班機到東京之後已經差不多晚上了，這時要安排夜晚的行程可能沒什麼選擇，只好吃完晚餐就回飯店睡覺，不但浪費了一個晚上的時間，也浪費了一天的飯店錢。可是，如果再加約500元~1000元左右的價差改成早去晚回的班機，就多了將近半天的玩樂時間，時間就是金錢，真的比較划算的！

　　訂好機票之後，要記得查詢一下坐飛機的相關規定，因為現在機場的安全檢查越來越嚴格了，為了不要到時候被迫丟掉東西，最好還是先查好攜帶物品的規定。像從二○○七年三月開始，日本機場開始禁止攜帶液體上飛機，一定要多加留意。

　　機票確定，出發的時間和回家的時間就能確定，第二步就是要開始安排行程和飯店囉。

日本機場入境守則

日本機場安檢規定

二〇〇七年三月一日起，從日本離境之國際航線旅客需配合下列新安檢措施規定：

1. 旅客隨身攜帶之乳狀及液態的物品，每樣不可超過100毫升(ml)。
2. 旅客隨身攜帶之乳狀及液態的物品，需全部放置於同一可開合之透明塑膠袋內，且總容量不可超過1公升。
3. 嬰兒食品及旅客搭機時須服用之藥物，不在限制之列。
4. 於日本機場免稅店購買之液態物品，亦不在限制之列。
5. 為免影響X-RAY檢查，建議旅客之夾克、外套、及大型電子品項，與隨身行李分開接受檢查。

日本禁止攜帶入境品

1. 名牌等仿冒品。因為日本對於仿冒品徹查很嚴格，所以請讀者特別小心注意喔！
2. 牛、豬、羊等偶蹄類的肉（包括牛肉乾）、內臟及肉食加工品（火腿、熱狗、培根、烘乾之物等）。
3. 土、有泥土附著之植物、水果。
4. 象牙、象牙製品及部份動物標本、毛皮、皮革製品等；華盛頓條約裡被指定為保護動物的製品、加工品。
5. 其它沒有被指定的動植物，是必須要在日本檢疫櫃台接受檢疫的。也有部份中藥被指定為禁止攜帶入境品。
6. 化妝品及醫藥品雖可攜帶入境，但數量有限制。

林葉亭 達人家の幸福自由行

▼ 用日本雅虎的「路線情報」查詢電車
1從首頁按下去
2鍵入目的地跟日期、時間
3 跑出來的查詢結果，很詳細呢！

日本大眾交通工具

　　在東京，我最喜歡的交通工具就是電車，為它的方便是世界知名、數一數二的。東京的電車系統比台北捷運複雜，車站也很多，幾乎每個東京著名景點都可以到達。如果擔心電車路線太過複雜，在這裡推薦一個很好用的網站——日本雅虎的「路線情報」網站，在網站輸入你的所在地和想去的目的地，網站就會為你列出各種到達目的地的路線，要乘坐哪一種電車、轉幾次線、需要花費多少時間及費用等等，都會詳細地列出來！不能上網的話，事先取得電車地圖先熟悉一下各個路線，即使坐錯車了，也比較不會手忙腳亂。

　　可能有的人會擔心看不懂日文網站，或是不懂日文輸入法，其實一點也不用擔心，輸入漢字也一樣可以查得到呢！查好之後列印下來帶往日本，就可以循線搭乘了。將電車資料帶在身上，若真的迷路了，還可以「手指」地圖問人。

　　在台灣的旅遊網站中就有販售新幹線的周遊券，

　　這對自由行來說是很好的福音，你可以選擇N日券、無限次搭乘、還有特定車種無限次搭乘……等，對於短期觀光而言是比較省錢的方式。

　　日本的計程車非常貴，平常不建議搭乘，不過在一些觀光郊區會有計程車一日遊的行程，不會開車或懶得開車的人可以考慮，但是要提醒大家，計程車的收費比大眾交通工具來得貴很多喔！

　　我最常用到的交通工具就是JR線，JR電車是日本最大的電車公司，線路幾乎遍布整個日本，到日本旅遊搭乘電車也是最方便的旅遊方式。JR有與車站合作推出的套裝優惠票，可以買到八折門票的JR線，特急、急行線的門票九折等優惠。

　　其他像是台灣人已經知道的周遊券、一日乘車券、來回票、設施優惠券……等等，也有套裝票的優惠活動，隨著季節的不同根據觀光的重點，會推出各式各樣的優惠券。

旅遊資訊
JR東日本：http://jreast.eki-net.com/
JR EAST：http://www.jreast.co.jp/index.html

林葉亭 達人家の幸福自由行

優惠電車妙用

為了推廣觀光，日本電車也會推出一些很棒的優惠行程喔！例如購買車票，就送當地觀光景點或是遊樂園的入場券，精打細算的爸爸媽媽們在使用電車時千萬要把眼睛睜大認真比較一下！

台場一日券

台場地區有免費巴士可以乘坐，班次和時刻可以事先查詢好。

在台場遊玩兩個以上的景點，或是預計要待個兩到三天，則購買一日券比較便宜，一日券種類如下：

一日券	價格	使用方式	哪裡買
都營巴士一日券(Toei Bus Ichinichi Josya Ken)	◎大人500円 ◎小孩250円	當日無限次乘坐台場及東京市內都營巴士。	在都營巴士站可以購買，或是在巴士上也可以買到！
百合海鷗號一日券(Yurika-mome Ichinichi Josya Ken)	◎大人800円 ◎小孩400円	當日可在百合海鷗號各站不限次搭乘。	在百合海鷗號各站發售。
臨海線一日券(Rinkaisen Ichinichi Josya Ken)	◎大人700円 ◎小孩350円	當日可在臨海線各站無限制上下車。	在臨海線各站均可買到。
御台場、有明一日券(Odaiba-Ariake Gururi Kippu)	◎大人900円 ◎小孩450円	當日可在百合海鷗號、臨海線、水上巴士（台場區域）不限次乘坐，是最划算的一日券！	在百合海鷗號各站、臨海線各站（大崎站除外）、水上巴士日之出營業所發售。

時尚媽咪小叮嚀

購買兒童票的限制是十二歲以下，也就是小學生都可以購買兒童票喔！沒上小學的幼童是不需要買車票的喔！

京王線(Keio Line)——娛樂護照

全線自由搭乘京王線、井之頭線的一日乘車券＋京王地鐵沿線的遊樂園入場券。

沿線景點	套票價格	使用方式	哪裡買
讀賣樂園（Yomiuri Land）	◎大人3700円 ◎小孩2800円	購票之後一個月內有效。根據遊樂園的不同也會有不同價格喔！	京王線全線各站售票口就可以買到囉～
多摩賽車樂園（Tama Tech ）	◎大人3500円 ◎小孩2700円		
三麗鷗彩虹樂園（Sanrio Puroland）	◎大人4000円 ◎小孩3000円		
東京夏日樂園（Tokyo Summerland）	◎大人4000円 ◎小孩2720円		

多摩單軌電車(Tama Monorail)——眉開眼笑護照

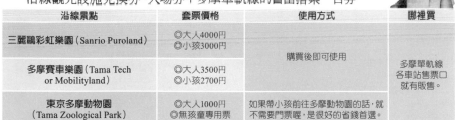

沿線觀光設施兌換券、入場券＋多摩單軌線的自由搭乘一日券

沿線景點	套票價格	使用方式	哪裡買
三麗鷗彩虹樂園（Sanrio Puroland）	◎大人4000円 ◎小孩3000円	購買後即可使用	多摩單軌線各車站售票口就有販售。
多摩賽車樂園（Tama Tech or Mobilityland）	◎大人3500円 ◎小孩2700円		
東京多摩動物園（Tama Zoological Park）	◎大人1000円 ◎無孩童專用票	如果帶小孩前往多摩動物園的話，就不需要門票喔，是很好的省錢首選。	

都營地下鐵線(Toei Subway)——京王娛樂護照

京王娛樂護照＋都營線各站~新宿的來回車票＋京王線沿途遊樂園入場券

一日券	價格	使用方式	哪裡買
讀賣樂園（Yomiuri Land）	◎大人3700円 ◎小孩2800円	護照本身的有效日期是兩天。但是京王線、井之頭線的乘車券與各遊樂設施的入園期限是一天，要特別注意！	都營線各站售票口就有販售
三麗鷗彩虹樂園（Sanrio Puroland）	◎大人4000円 ◎小孩3000円		

林葉亭 達人家の幸福自由行

富士急行巴士(Fuji Kyuko Bus)

富士急樂園入場券＋東京站或東急田園都市線的市之尾站出發的東名高速巴士來回乘車票。

一日券	價格	使用方式	哪裡買
富士急樂園（Fujikyu Highland）	東京出發 ◎大人6900円 ◎小孩4300円 市之尾出發 ◎大人6700円 ◎小孩4200円	有效日期為兩天，不過到了冬天會更便宜，計畫冬天要去旅行的人要特別記得喔！	◎市之尾站出發的套票在車上就有販售，如果擔心買不到的話，最好是提前預約。 ◎新宿西口大黑屋附近有許多賣票的店家，可於遊玩的前幾日提前購買。

中央高速巴士──Q PACK

富士急樂園入場券＋新宿西口Bus Terminal、中央道日野、中央道八王子各巴士站出發的中央高速巴士來回乘車票。

一日券	價格	使用方式	哪裡買
富士急樂園（Fujikyu Highland）	新宿西口出發 ◎大人7100円 ◎小孩4400円 中央道日野巴士站出發 ◎大人6200円 ◎小孩3900円 中央道八王子巴士站出發 ◎大人5650円 ◎小孩3640円	有效日期為兩天，也是到了冬天會有折扣，會變得更便宜唷！	只有在新宿高速BT發售，車上不販售！

小田急線(Odakyu Line)──都營地下鐵、都電、都巴士一日乘車券

都營交通一日自由搭乘＋導覽書「いっとく走吧！」，裡面有很多遊樂設施的優惠。

一日券	價格	使用方式	哪裡買
豐島園（To-simaen）	入場券九折 ◎大人700円 ◎小孩500円	有效期限是自發行日算起六個月內有效。與寒暑假的例假日限定「都營地下鐵 one day pass」有相同的折扣優惠。	小田急線全線各車站的售票口就可以買到囉～
東京多摩市（Tokyo Tama City）	入場券九折 ◎大人700円 ◎小孩500円		

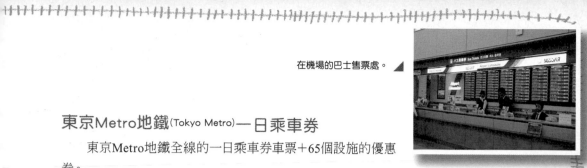

在機場的巴士售票處。◀

東京Metro地鐵(Tokyo Metro)─日乘車券

　　東京Metro地鐵全線的一日乘車券車票＋65個設施的優惠券。

一日券	價格	使用方式	哪裡買
東京Metro地鐵一日乘車券（Tokyo Tama City）	◎大人710円　◎小孩360円		
東京巨蛋城（Tokyo Dome City Attractions）	200円抵用券		可在東京Metro全線各車站的專門售票處購買預售券。當日票則在車站的售票機購買即可喔！當日票限定當天才有效。
陽光國際水族館（Sunshine International Aquarium）	◎大人300円　◎小孩150円抵用券	由發行日算起六個月內有效	
南夢柯南佳城（Namco Namja Town）	100円抵用券		
國立科學博物館（National Museum of Natureand Science,Tokyo）	100円抵用券		

JR巴士關東(JR Bus Kanto)──御殿場(Gotemba)來回票

　　東京站到御殿場(premium outlet)的直達巴士的來回車票

一日券	價格	使用方式	哪裡買
御殿場（Gotemba）	東京出發◎大人2800円　◎小孩1400円折價券（於車上發送）	*只在星期五、六、例假日以及outlet的打折期間才有行駛，要乘坐的話可能要先查詢一下是否有發車。*更棒的是在車上還有發送outlet的折價券，有效期限為六天。	只有在新宿高速BT發售，車上不販售！東京駅八重洲南口（二號出口）

▶ 一日乘車券是省錢的好幫手喔！

我們租的小Match，
36小時的費用4800元油資600元！ ▲

租車自主遊

現在在日本租車旅遊非常流行，如果你有駕照，租車自主遊是很方便的選擇，尤其是帶著小孩一起旅行。很多人會覺得日本汽車駕駛座的位置在右邊而感到擔憂，套一句日本朋友說的話：「只要你會在台北開車，幾乎到全世界開車都沒問題啦！哈！」但是要注意的是日本人開車非常遵守交通規則，比如不要超速、不要任意變換車道、要禮讓行人等。特別提醒的是日本人開車一定會禮讓行人，千萬要遵守喔！

台灣人想要在日本租車，只要事先在台灣的監理單位申請日文的駕照譯本即可，也不需要考國際駕照。而駕駛座位置不同的問題，只要駕駛者本身有五年以上的開車經驗，在坐上車子之後，先到人少的地方稍微適應一下，很快就會習慣。

租車自主遊我建議最好挑鄉間區域的旅遊景點，一方面那裡的大眾交通工具比較不方便，點和點之間距離較遠，所以租車是最好選擇；另一方面是鄉間道路風景美、空氣好、車子也少，開起來也比較舒服自在；如果是在像東京、大阪⋯⋯等都市，上下班時間或旅遊旺季都會塞車，所以常有人說去日本城市，坐計程車或開車是最笨最外行的方法，坐地鐵才是最方便的！就算是到鄉間旅遊，還是要小心會遇到塞車，可以事先在網路上查好資料，避開日本當地的尖峰時刻（比方說祭典、節慶）或是假日等等，並利用汽車上的衛星導航先確認路況，在人少時行動，可節省不少時間。

日本的高速公路，約每50公里會有一個服務區（SA），也就是台灣的休息站，每15公里都會設置停車區（PA）。SA的規模都比較大，除了基本的廁所和簡單的食物可以讓遊客解決民生需要之外，裡面的設施也都比較多，方便哺乳的育嬰室，對帶小嬰兒的媽媽是最貼心的服務了，有些大型的SA也設有兒童遊樂區。如果是長途的旅程，就可以下車舒展一下筋骨。

時尚媽咪
小叮嚀

Q：旅行中家長要注意什麼？
不要讓小孩離開你的視線。若是開車，要特別注意不要讓車門夾到孩子的手，下車的時候也千萬不要留孩子獨自在車內。嬰兒座椅及兒童座椅，都可以租的到，而且現在日本坐後座也要綁安全帶了。

日本租車相關事項

租車撇步

1. 在台灣先準備好：護照、台灣駕照、駕照日文譯本
（監理所：http://www.thb.gov.tw/main_03.htm）。

2. 機場櫃檯有提供日本租車公司的服務處，到達機場之後直接去完成租約手續，在日本也可以甲地借、乙地還，非常方便，當然也可以事先在網路上做好預約，甚至還能選好你喜歡的車子呢！（網站：http://nissan-rentacar.com/）

3. 選好車輛之後，工作人員會詳細介紹車子的性能、使用方法、注意事項等等，你也可以趁機詢問工作人員附近好玩的地方，他們也會熱心提供私房景點喔！（PS：可以用英文交談的不用擔心。）

4. 現在全日本的汽車內都有裝設衛星導航GPS超好用！，日文跟英文模式都有，只要輸入你要去的目的地，GPS就可以立刻幫你找到最方便的路線和地圖，如果你不會輸入日文的話，只要輸入目的地的電話號碼就可以了！真是省時又方便！

在日本開車的規則

1. 日本的交通號誌和台灣的有些不一樣，建議可以先上網查詢，或是可以在租車公司的服務處索取交通號誌的指南喔！

2. 日本有許多收費道路，但不是每輛車子都有裝設ETC，在租車前記得要確認一下，如果沒裝的話，經過收費站就要記得走一般車付錢(上下交流道要付百元日幣不等，上交流道時就會紀錄由哪個交流道上，然後在下交流道時，再看你總共在高速公路上跑了多遠，以這個距離來計算，你必需支付多少過路費喔！)

3. 日本租車和台灣不同，出借時車輛是加滿油，這也表示還車時同樣也要把油加滿。

4. 如果日文不夠流利的玩家們，可以挑選有提供英文緊急事故服務的租車公司，像是Nissan，才能夠玩得輕鬆又安全喔！

▶ 迪士尼的希爾頓飯店，很漂亮吧！

河口湖的飯店，房間數量很壯觀吧！◀

3. 如何吃得好，住得好？

飯店訂房優惠「限定」

在東京都內由於電車非常發達，所以不一定要住在景點附近，只要選擇任何一個位於車站附近的飯店，其實都非常方便。

日本的訂房網站十分詳細好用，使用介面都大同小異，而且通常都會有漢字，台灣人在閱讀上不會有太大困難，有些更貼心的網站還會提供中文網頁喔！我建議先過濾喜歡的條件，選出幾個比較中意的，也可以事先查查飯店口碑、設施等等，除非你的預算有限，不然我認為要最後再來比較價格，畢竟旅遊還是以開心舒適為主。

在飯店網站上訂房，飯店還會根據不同的時間或季節，推出各種不同的優惠方案，比如「季節限定」，就是諸如櫻花季或是情人節時的優惠；「女性限定」則是整個樓層住客都是女性，房內的盥洗用品也都是專為女性所準備的；「家庭限定」，就是專

為家庭旅遊推出的四人房優惠，以及「時間限定」，就是限時或限量優惠，平均一個人都至少便宜6000日幣~8000日幣左右！折合台幣可以便宜約2000元~2500元，所以只要利用網路多家比條件比價，就可以輕鬆地選出自己最喜歡的飯店。

在安排旅行的時候，也可以先查詢當地的重要節慶，避開當地的旅遊旺季，飯店通常會在淡季時推出意想不到的低折扣，最低甚至可以達到對折呢！

有一次我去迪士尼樂園玩，訂了迪士尼樂園附近的希爾頓飯店，飯店當時推出一個專案，包含了一間蜜月套房、兩張大人的迪士尼樂園門票、早餐和兩張Lounge Bar飲料券，全部大約是27000日幣。乍聽之下好像很貴，可是我們加上兩個小孩總共四個人，平均一個人大約6750日幣，即台幣2200元左右，其實非常便宜！而且希爾頓飯店就在迪士尼樂園隔壁，交通費也可以一併省下囉！因此飯店的折扣絕對值得貨比三家。

在飯店大廳，安安被瑪麗蓮夢露
的塑像嚇到，不敢接近她。

時尚媽咪小撇步

旅行時，不一定都要住在同一間飯店，可以多換幾間，小朋友也會因為每天可以住不同的房間而覺得新奇。你一定會想：「天哪！這麼多的行李要搬來搬去，豈不是累死了？」這裡我有一個小撇步，每次去日本時都很愛用，那就是——宅急便。

日本的宅急便有幫忙運送行李的服務（現在台灣也已經有這樣的服務了），當你到達日本的機場時，就可以在機場將不同天數的行李分送到各個即將入住的飯店裡，運送行李只要一天的時間，一次大約1300日幣～2000日幣，如此一來就可以省下很多整理的精神，好好陪孩子玩喔！

另外還有一個處理行李的方法，就是將行李寄放在同一個飯店，例如第一天行程晚上是東京，第二天要住在東京附近的輕井澤，我們就可以先將行李寄放在東京的飯店裡，飯店櫃檯就可以詢問相關的寄放服務，然後帶著兩天一夜的輕便行李出發即可！

時尚媽咪飯店推薦

半藏門：http://www.hotelmonterey.co.jp/hanzomon/index.html

東京八丁堀Hotel http://www.hvt.jp/
（如果在暑假的時候，他們也有推出雙人房連續住兩晚的專案，只要7140日幣喔！超便宜的吧！）

實用飯店查詢網站
日本雅虎：http://domestic.hotel.travel.yahoo.co.jp/

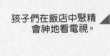

孩子們在飯店中聚精
會神地看電視。

吃Buffet時，孩子可以完全選擇自己喜歡吃的東西。
這是Bruce自己創作的喔！

讓孩子有個舒適的用餐環境

　　日本是一個注重禮儀的國家，所以在餐廳用餐的規矩很多，但是小孩子比較坐不住，如果吃正式的餐廳，都得花上一、兩個小時規規矩矩的坐在那裡。因此選擇能夠讓孩子自在的餐廳要勝過於美味，所以爸爸媽媽可以視情況預定一兩家比較正式的餐廳，其他就隨性吃囉！

　　而住的飯店裡都有附設許多美食餐廳，看你要吃日式、洋式還是中華料理，不管是哪一種料理通常都會有定食或套餐式，也有細分為兒童餐，兒童餐可以讓小孩子吃得很開心。以我帶孩子出國玩的經驗，最方便的飲食就是Buffet，菜色變化很多，孩子

飯店提供的兒童餐。

▼ 大人跟小孩都有自己的專屬餐點喔！

可以自由選擇喜歡的東西來吃。

附帶「一泊二食」的飯店，非常划算。如果沒包含餐點，飯店也通常會提供圖文並茂的推薦情報，介紹附近的餐廳，你可以憑「美食照片」去嘗試，不過這樣子比較冒險，可能試到地雷店也說不定。如果不想冒險，日本也有一些像樂雅樂一樣的家庭式餐廳，很適合帶孩子去用餐。所以，在日本用餐真的不需擔心太多！

如果飯店餐廳水準不錯，通常都會推出一些季節限定的料理，像是春櫻、秋楓或是鮭魚等不同材料特別設計的菜單，建議可以選擇這種餐點試試，絕對可以讓你在旅程中吃到很棒的料理。

如果一天下來玩得很累了，只想盡快回飯店休息，去便利商店買餐點帶回飯店也

是很好的選擇！因為日本的便利商店幾乎就像個小超市，便當、壽司、各種鮮食和蔬菜水果應有盡有，甚至比台灣的還要更豐富唷！還有幫你現煮的服務。速食店如麥當勞、吉野家也可以嘗試看看，味道和台灣也不同！

　　我會建議爸爸媽媽們，既然已經出來旅行了，就不要天天吃一樣的東西，這幾種用餐方式可以交互搭配使用，不但方便，也可以增添旅行的豐富度。

▲ 泡完溫泉後，兄弟倆相親相愛的一起吃泡麵。

日本飯店都有提供睡衣（浴衣），可以不用攜帶喔！ ◢

4. 小孩子的行李簡便法

　　小孩的衣物總是只能多不能少，像是小涼被、禦寒物品都要準備齊全，不過日本的商店非常方便，若是有什麼東西沒帶，臨時去購買也很方便。

　　舉例來說，八天七夜的行李，小孩子的上衣可以準備八件，褲子則準備三到四件即可，褲子記得要挑選深色、耐髒的，如此一來就不需要天天更換，頂多晚上用濕毛巾擦拭表面即可。如果有準備要在國外Shopping添購衣服，就可以帶更少，直接穿新衣服也是讓行李簡便的好方法。

　　當然時尚媽咪出去玩的時候也希望孩子每天穿得很可愛，這就要考驗媽媽的巧思啦！通常我都會帶可以一衣多穿的衣服，比方說同一件褲子配幾款上衣來做變化，同一件上衣不要搭同樣的褲子免得照片照起來沒變化！！小男孩可以加帽子、腰帶和吊帶來做變化。如果是小女孩，還可以建議用不同的髮型或髮飾來變換造型！

　　如果住在同一間飯店的天數有兩天以上，也可以考慮使用飯店送洗衣物的服務，或自己簡單洗一下，日本的天氣多半只要一天衣服就可以乾了，可以換洗就不需要帶太多替換的衣物。另外，大人小孩的衣服也要分開收納，最好分成兩個行李箱，這樣在拿取的時候，就不會亂成一團，整理也比較方便。

　　還有在當地無法取得的東西一定要記得帶。比如相機的電池、底片這種比較特殊的東西，或是平常吃習慣的藥物……等等，不過如果是當地就可以買到的東西，比方說盥洗用品、尿布、奶粉等，建議大家也可以到當地再買，可以省下不少行李的空間喔！

時尚媽咪
小可嚀

Q：小孩吵著要帶玩具怎麼辦？

出去旅遊的時候小孩子一定會吵著要帶著自己的假面超人或是芭比娃娃，這時候只要和小孩清楚地說明，告訴他帶太多玩具行李會塞不下，並定出可以帶的範圍。像是可以帶一個小型的便宜玩具，體積小可以放在口袋裡的，要是壞了或是弄丟了也比較不會心疼！

超實用媽咪五寶

1. **帆布背包和小型手提袋**：小孩會因為出去玩很興奮，老是跑來跑去的，所以為了讓父母機動性高，使用帆布背包行動自如，而且容量可以選擇大一點的，這樣東西就不用都提在手上，所以可以將帆布背包跟手提袋合併使用喔！另外，隨時會用到的物品，像是相機或是零錢，可以準備一個腰包放置，不用隨時翻找，可以讓旅途方便不少喔！

2. **嬰兒背帶**：帶比較小的嬰兒出去旅遊時，像是幾個月大的Baby，有些地方嬰兒車不一定可以使用，這時候嬰兒背帶就發會它的效用啦！不用時只要綁在包包上面，也不會佔空間呢！

3. **塑膠袋**：塑膠袋可以放垃圾或是換下來的髒衣物，既不佔空間，也可以維持乾淨的居住環境；若是小孩容易暈車，可以多帶幾個袋子以備不時之需。夾鍊袋也很方便整理物品喔！

4. **濕紙巾**：在找不到水的地方，濕紙巾可以暫時代替濕毛巾幫小朋友清理身體喔！ 像現在腸病毒肆虐，隨時幫小朋友擦拭清潔，媽媽也比較放心！

5. **輕便的毛毯**：可以在日夜溫差轉換的時候或是孩子睡著的時候覆蓋著，以免著涼。在外面哺乳的時候也可以當成媽媽的披肩預防曝光。

旅行用品清單

類別	品項	時尚媽咪的小建議
必備物品	護照	一定要帶。
	機票	現在多改為電子機票了，之後可能也不需要帶機票了喔！
	現金（當地貨幣）	日本是不能在當地用新台幣兌換日幣的，最好規劃好預算，攜帶足夠的零用金。
	新幹線或巴士（周遊券）	在台灣就可以買到囉。
	信用卡	在日本JBC卡非常好用，如果沒有的話Visa跟Master Card各準備一張，可以事先知會銀行要出國以提高額度，另外，某些信用卡在國外刷卡也會有現金回饋，建議大家多多利用。
	駕照日文翻譯本	租車時需要
	台灣駕照	租車時需要
	大頭照	在國外遺失護照的話非常麻煩，可能還會因此滯留當地，大頭照在補辦護照時需要，所以最好還是帶著以備不時之需。
	照相機	為了留下回憶一定要帶。
	底片或數位相機記憶卡	帶了相機就必備。
	相機用電池或充電器	帶了相機就必備。
	手機	不一定需要，但出國在外，遇到狀況要聯絡時，有手機其實很方便。尤其台灣PHS在日本當地也是可以用的，這樣費用比較便宜，而非打國際電話。
	手機用充電器	攜帶手機必備。
衣物類	上衣	視要去的天數準備。
	褲子	視要去的天數準備。
	禦寒外套	冬天禦寒衣物是必備的，其他季節最好也要準備保暖外套，預防溫差變化或冷氣過強。
	鞋子	準備一雙球鞋跟拖鞋。
	睡衣	日本飯店都有提供浴衣，可以不用帶。
	泳裝	考慮要去的景點，如果有泳池、水上樂園或溫泉，帶一件泳衣是很方便的。
盥洗用具	洗面皂、牙刷、牙刷、毛巾等	日本的飯店盥洗用具都準備的相當齊全，甚至小孩子也會有專屬的牙刷跟牙膏，如果沒有特別習慣的話，可以不用攜帶喔！
	個人造型用品	既然是親子旅行，可以盡量減少帶這些瓶瓶罐罐，用最簡單的造型，減少行李負擔。

其他	雨具	可以事先調查日本的天氣，再決定要不要帶，有需要可以帶一把輕便折傘或隨身雨衣，即使沒有攜帶，在日本購買也很方便。
	面紙、濕紙巾	面紙在日本街頭常常有發送。我倒是建議媽媽們準備濕紙巾，很方便喔！在沒有洗手間的地方可以讓小朋友隨時擦手，保持乾淨。
	太陽眼鏡	無論豔陽或去雪地都必備喔！
	筆和筆記本	看個人習慣，喜歡寫東西的人可以攜帶，不過日本飯店通常也會提供信紙跟筆，可以利用喔！
	藥品	日本藥房都有合格藥劑師，如果不是特殊的個人用藥，在日本買也非常方便。
	生理用品	有需要當然得帶，不過試試日本當地的產品也不錯喔！
	旅遊書	帶一本資料詳細又輕便的旅遊書！
	簡易日本旅遊會話書	不懂日語或日語不夠好的人必備。

編註：書本有附表格可以直接使用喔！！

時尚媽咪小叮嚀

Q：出門在外，應該規範小朋友注意哪些禮儀？

帶小孩出遊的話，一定要先跟小孩說清楚，必須遵守一些規則跟禮儀！才能快快樂樂的出遊喔！

■ 不可以橫衝直撞。

■ 不可以把東西弄壞卻置之不理。

■ 不可以大聲嚷嚷。

■ 不可以將點心零食吃得散落一地。

■ 不可以在公車或是捷運脫下鞋子，趴在椅子上面。

■ 不可以站在椅子上。

■ 不可以在餐廳裡玩食物。

■ 不可以上完廁所不沖水或是弄髒不清理。

尤其遇到別人的小孩不聽話，趕快做機會教育，把別人犯錯的事拿出來警告，讓他們下次能注意不要犯同樣的錯。再犯錯中學習，也是一種教育。

PART₂
瘋東京

想要去日本遊玩，最夯的首選一定是首都東京。東京在亞洲，甚至在全世界都是非常舉足輕重的城市，非常適合帶小孩去東京看看豐富多元的面貌。如果你是第一次帶小寶貝去日本玩的爸爸媽媽，我覺得東京會是最棒的選擇喔！

因為在時尚之都除了有很多好吃的餐廳、最流行的文化、最完善的設施、最便利的交通網絡……當然也有最多最好玩的主題樂園，保證小寶貝們都會玩得不亦樂乎！爸爸媽媽可以用最輕鬆的方式帶著小孩子玩東京。只要做好行程規劃，東京也可以是小孩子的遊樂天堂喔！

我很喜歡帶著兩個兒子去東京玩，他們已經去過五次了呢！東京有許多大大小小的遊樂園，每次我都會安排不同的主題樂園，而且知名的遊樂園像是東京迪士尼，每隔一段時間就會有不同的慶典或是主題，非常值得一去再去，每次去都會有不同的驚喜喔！

還有一點也是我覺得對小孩來說很好的，就是東京都內有很多大企業開設的「體驗樂園」，都是本著「企業回饋」的理念開設的，像是TOYOTA本田汽車、PANASONIC國際牌電器，都有能夠寓教於樂的體驗樂園，能夠讓小朋友在裡面了解神奇的科學知識，或是看到一些未來的概念電器喔！這些都能夠讓小朋友在玩樂之中能學習到更多，遊樂與學

東京都

·淺翌

·渉谷

·枤場

習並重，也讓遊樂園的層次更加豐富了！

　　這麼多的主題樂園、這麼好玩的東京，你一定要帶著小寶貝來體驗看看喔！快點跟我一起「瘋東京」吧！

邊玩邊學習 ── 台場(Odaiba)

　　台場位於東京灣內，是一座填海造陸的人工島，有許多大型企業的總部，也有很多購物中心和遊樂場，在日劇中也經常可以看到這裡著名的彩虹大橋和大型摩天輪，所以除了是東京首選的觀光景點，也是情侶浪漫的約會勝地。

　　安排到東京的親子旅遊自由行，我首推台場喔！這裡除了交通方便，還有免費巴士可以搭乘，大型購物中心林立，裡面的美食廣場更提供了多樣化的各國料理，是到日本東京自助旅行最輕鬆上手的地方。

　　台場的魅力當然不僅如此，它還有很多企業總部在此所建造的博物館，提供了各式各樣的企業歷史及新科技的展示，非常適合小孩子參觀遊玩，學習新知。第一次來到東京的人，台場絕對是必遊景點！安排個兩天一夜或三天兩夜的台場之遊的行程都不嫌多。

林葉亭 達人家の幸福自由行

時尚媽咪小可嚀

Q：帶著小孩出去玩，似乎就沒有時間Shopping了呢！

日本是Shopping天堂，時尚媽咪們要是到了日本一定會想要大肆採購一番，不過我覺得每一次的旅遊最好都把目的卻認清楚喔！帶著小朋友一起出來玩，小朋友的體力和耐性都不容易控制，逛街又得花很多時間，小朋友可能會因為太過勞累而哭鬧，所以安排親子旅遊時，還是專心地陪伴小孩玩吧！Shopping，下次再和姐妹們一起來囉！

台場旅遊資訊

去台場一般有兩種方式

1. 水路：如果行程中有安排淺草這個景點，可以從淺草搭船到台場。
2. 陸路：可以搭乘百合海鷗號，搭乘時可以選擇最前面的位置喔！這樣美麗的景色可以盡收眼底。

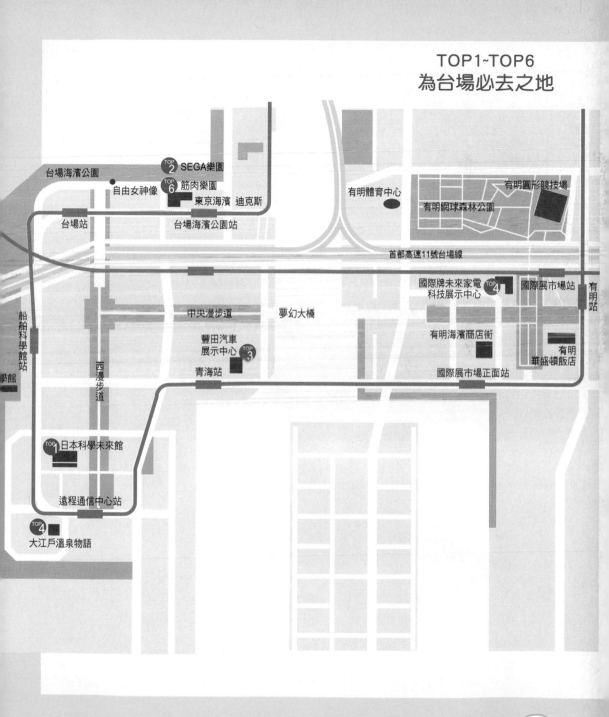

TOP1~TOP6
為台場必去之地

台場海濱公園

TOP 2 SEGA樂園

自由女神像

TOP 6 筋肉樂園

東京海濱 迪克斯

有明體育中心

有明圓形競技場

有明網球森林公園

台場站

台場海濱公園站

首都高速11號台場線

船舶科學館站

中央漫步道

夢幻大橋

國際牌未來家電
科技展示中心

TOP 4 國際展市場站

有明站

學館

西漫步道

豐田汽車
展示中心

TOP 3

青海站

有明海濱商店街

有明
華盛頓飯店

國際展市場正面站

TOP 1 日本科學未來館

遠程通信中心站

TOP 4
大江戶溫泉物語

台場TOP 1-科學未來館(Miraikan)

　　台場的日本科學未來館就像是台灣的科學博物館,不過它的
規模更大、內容更多更豐富。本來我們預計逛個兩三個小時,沒想到進去後卻發現出
乎意料的好玩,最後竟然在裡面足足玩了六個小時!

　　科學未來館內除了有定期的特展主題之外,還有固定的體驗區域,根據未來的
科技概念所製作的體驗機機器或是虛擬實境,讓小朋友親身嘗試各種不同的科學遊
戲。比方說裡面有一艘真正行駛過的潛水艇超酷的,可以讓遊客真正進去感受待在潛
水艇中的感覺,我的兩個孩子們進去後才發現原來潛水艇非常狹小!三個小孩就感覺
很擠了呢!

　　另外,我們去參觀用「氫」當作燃料的汽車時,我的小兒子疑惑地問我:「為什麼

哇！原來潛水艇裡面這麼小！◤

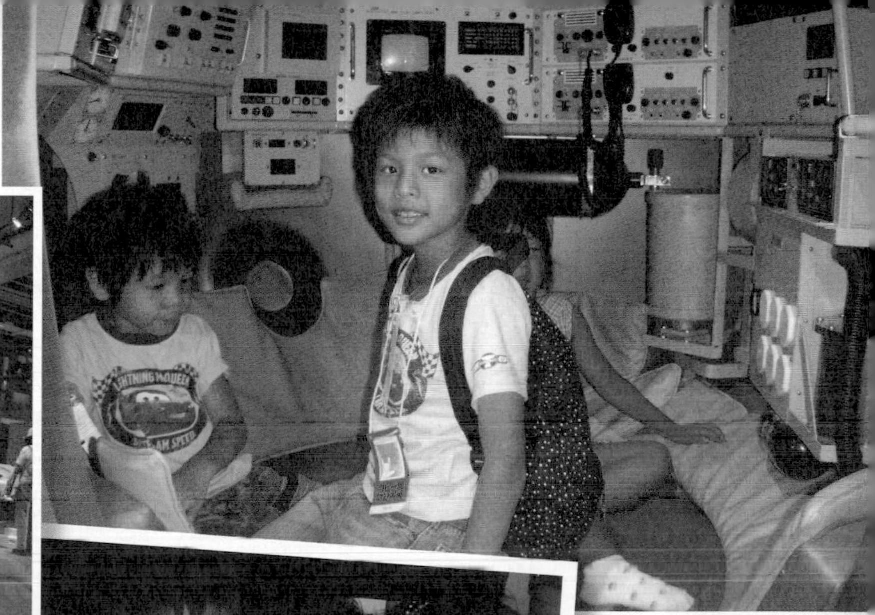

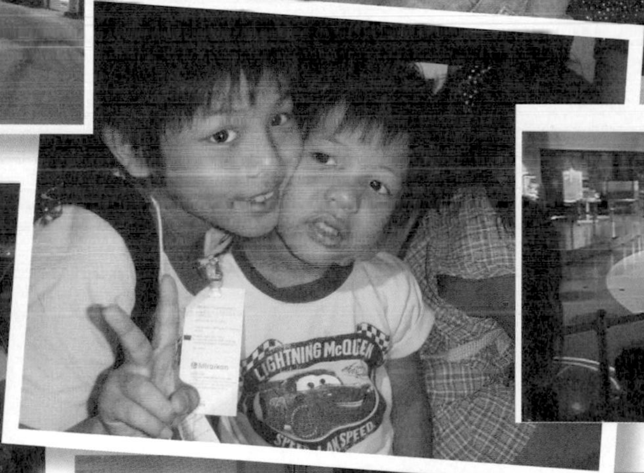

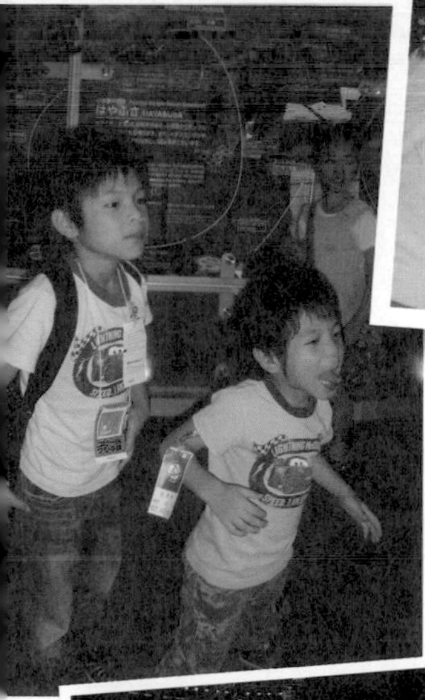

林葉亭 達人家の幸福自由行

在自然課程中，孩子們聚精會神地聆聽大哥哥大姊姊解說。

可以親自操作的互動式科學遊戲。

要用氫作燃料呢？」我向他解釋：「因為現在地球上的石油已經快要被用完了，所以要找尋替代用的燃料。」結果他想了想，突然笑著說：「我知道了！那就放一塊豬油到車子裡，這樣就可以發動了！」

　　玩樂中，還可以進行科學知識的機會教育，是參觀科學未來館最大的收穫！我的兒子因為看見了用「氫」作燃料的車子，而了解到地球上的能源危機和環保的概念，不但可以激發孩子的思考（像他可愛的「豬油」點子），還能在無形之中建立了小孩對地球的關心。

　　這些互動式的科學遊戲，讓小孩知道生活中有很多細節，都和科學息息相關，啟發他們的想像力，即使是天馬行空、不著邊際，也是一個很好的腦力開發訓練喔！在

科學未來館中，還有大哥哥、大姊姊會帶著小朋友進行解說，或是簡單的科學課程，只要預約報名就可以參加，即使聽不懂日文，也可以從解說員簡單的肢體動作了解意思喔！

孩子們興致勃勃地在紙葉上簽下自己的
名字，貼上去參與愛護地球的宣誓。

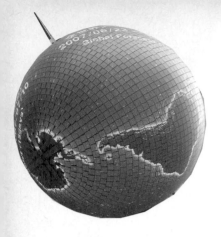

除了知性的參觀之外，科學未來館內還有刺激的4D電影，戴上特製的眼鏡，螢幕上的影像就會活生生跳到眼前！這對小孩子來說再新鮮不過了！我的兩個兒子看完電影之後，還把館內贈送的特製眼鏡當作寶貝一樣保存呢！

在館中還有定期的機器人表演，可以感覺到日本人對機器人真的是很著迷！對機器人的研究也不遺餘力，每隔一段

▼ 我們找到這個可以躺下的舒服位置，看掛在天花板上旋轉的星體球。

時間，就會有一個和大人差不多高的機器人展示，它每走一段路，向上跳一下，小孩子都看得目瞪口呆，看到卡通裡的機器人活生生地出現在眼前，那種感覺真的很棒！

科學未來館可以學到很多平常不知道的科學知識，連我都學到很多呢，真的是很值得親子共遊的地方！

科學未來館旅遊資訊

票價	成人（高中以上）	小孩
個人	500円	200円
團體（8名以上）	400円	160円
售票預約專線：03-3570-9188		

營業時間：AM10：00～PM17：00
交通：免費巡迴巴士Bay Shuttle，紅色的巴士站牌大多是獨立位置的，沒有和一般公車站混在一起，正確搭乘點可以詢問各大景點的服務人員，站牌上都有詳細的巡迴路線地圖和巴士到站時刻表
地址：東京都江東區青海2-41
電話：(03)-3570-9151
網址：http://www.miraikan.jst.go.jp/

林葉亭 達人家の幸福自由行

▼ 樂園入口的互動電子魚缸，電子魚會和你玩喔

台場TOP 2-SEGA樂園(SEGA JOYPOLIS)

　　要是抵達東京時已近黃昏，很多營業場所都很早關門，這時候有個好去處，就是SEGA直營的室內主題樂園「Joypolis」，開到晚上11：00。

　　樂園中有小朋友最喜歡的電玩和漫畫，以音速小子為主角。我的兩個寶貝一進去就看見一大片觸控式螢幕，在螢幕上一片叢林中有各式各樣的昆蟲，只要輕輕將手點在螢幕上，昆蟲就會活動，當自己操控的昆蟲遇上「敵人」的時候，就可以展開一場昆蟲大戰了！兩個小寶貝光在這裡就玩了一個小時都不會膩，還要我三催四請才願意前往下一個目標。

　　除了互動遊戲之外，也有刺激的射擊和賽車等遊戲，不過這種設施有身高的限制， 110公分以下的小朋友需要家長陪同才行。

　　由於Joypolis樂園全票是一票玩到底，入場券則是門票，要玩各種設施要另外收

▼算命遊戲機列印出來的分析結果

費,夜間票便宜很多,由於Joypolis樂園營業到晚上十一點,吃飽飯後入場玩時間綽綽有餘。我建議四人同行買一張大人入場券和一張全票即可,因為裡面的遊樂設施只認票不認人,一些需要家長陪同的遊樂設施通常也限定兩人搭乘,這樣就可以爸爸陪哥哥玩,我跟弟弟幫他們拍照,然後再輪流玩,超划算的。

我們還發現了一台可以算命的遊戲機,裡面還有中文顯示喔!所以不會日文的人也看得懂,算命機會詢問一些心理測驗的問題,可以測出自己的個性喔!我們全家人都算了一次,大家都覺得很準呢!

這是爸爸挑戰夾娃娃機的戰利品喔！

一般出口都會直接連著紀念品販賣店，這裡正是大人和小孩大戰的地方，小孩吵著要買玩具，家長不答應的鬧劇經常在這種地方上演。我覺得出國旅遊要玩得盡興，就要先避免吵吵鬧鬧的事情發生，所以在出國之前，我就會先打預防針，跟小孩約法三章，告訴他們：「這趟出國媽媽已經花了很多錢，而且買太多玩具行李箱會裝不下，所以每到一個紀念品店，媽媽會讓你們每個人挑選一個扭蛋當作紀念品。」

　　事先約定好之後，他們已經知道規矩，就不敢要賴，一個扭蛋約200日幣~300日幣，小小的攜帶方便而且不會很貴的玩具便可以讓小孩很滿足，看到孩子遵守我們之間的約定，我當媽媽的也很開心，所以我將這個小方法分享給所有的爸爸媽媽參考喔！

時尚媽咪
小叮嚀

Q：在遊樂園怎麼選擇紀念品？

遊樂園裡一定會遇到紀念品專賣店，當小孩吵著要買玩具，可是當媽咪們一看到價錢馬上倒退三步！這樣一路玩下來一定會讓小孩一直吵鬧。我覺得，最好在出發前或進去紀念品店前就和小孩約法三章，為他們可以買的玩具訂下一個預算範圍，告訴他們在挑選的時候只能夠挑多少錢以內的玩具，這樣就不會造成小孩興高采烈地拿玩具想請你買的時候，卻被拒絕的挫折感囉！

SEGA樂園旅遊資訊

票價	成人（高中以上）	小孩
入場券（使用設施需另外付費）	500円	300円
全票（一票玩到底）	3,500円	3,100円
夜間票（17：00後入場）	2,500円	2,100円

110CM以下小孩不用門票！

營業時間：AM10：00～PM23：00（入場時限至PM22：15）
交通：搭乘東京臨海新交通「百合海鷗號(Yurikamome)」至台場海濱公園站下車徒步2分鐘
地址：東京都港區台場1丁目6番1號
電話：（03）5500-1801
網址：http://sega.jp/joypolis/tokyo/

57

台場TOP 3-豐田汽車展示中心(Mega Web)

　　豐田汽車展示中心(Mega Web)是豐田汽車(Toyota)在台場設立的一間規模很大的汽車展示中心，裡面除了有豐田汽車最新及人氣車款之外，還有他們研發的各種概念車，像是小型電氣自動車，可以了解它運作的原理，甚至還有一個場地是可以讓遊客開車的喔！即使是小孩子，只要有大人陪同，都可以體驗開車。

　　展示中心裡，還介紹了汽車的發展史，小朋友可以知道，汽車是如何發明出來的。另外還有實體的F1賽車以及各式各樣的周邊商品，想必也是很多賽車迷夢想的樂園。

豐田汽車展示中心旅遊資訊
票價：入場免費，使用設施時需另外付費。電動車試駕約200円
營業時間：AM11：00～PM21：00
交通：搭乘東京臨海新交通「百合海鷗號(Yurikamome)」至青海站，設施
　　　位於多彩城內
地址：東京都江東區青海1丁目メガウェブ
電話：(03)-3599-0808
網址：http://www.megaweb.gr.jp/

林葉亭 達人家の幸福自由行

▼ 超大的豐田汽車展示中心，小孩子玩得不亦樂乎！

林葉亭 達人家的幸福自由行

台場TOP 4-大江戶溫泉物語(Ooedo Onsen Monogatari)

　　大江戶溫泉物語是一個非常特別的溫泉主題樂園,許多旅行團也非常喜歡來這裡,一走進大江戶溫泉物語就好像走入江戶時代的懷舊建築之中,非常有復古氣氛。如同走在江戶時代的街道上,還會看見很多打扮成江戶時代的人在表演。這裡不但有各種養生健康溫泉可以泡,還有舒緩身心的按摩,以及好吃的懷石料理、拉麵等等,是個放鬆身心的好地方喔!

　　最特別的是大江戶溫泉物語二十四小時開放,只有在早上九點左右會有兩個小時的整理時間,所以我覺得,當你很晚才到達東京的話,體力又好,孩子也夠大,不妨來這裡打發一整晚的時間,泡泡溫泉、吃吃美食,然後在休息室裡睡一覺,不但省下一天的飯店錢,還可以當個「江戶人」過過癮呢!

大江戶溫泉物語旅遊資訊

票價	成人（高中以上）	小孩
全票	2,827円	1,575円
夜間票（18：00後入場）	1,987円	1,575円
深夜追加	1,575円	

營業時間：AM11：00～隔日早上8：00（入場時限至22：15）
交通：搭乘東京臨海新交通「百合海鷗號（Yurikamome）」至遠程通信中心站(Telecom Center Station),下車後徒步2-3分鐘
地址：東京都江東區青海2-57
電話：(03)-5500-1126
網址：http://www.ooedoonsen.jp/

台場TOP 5-國際牌未來家電科技展示中心(Panasonic Center Tokyo)

　　這是眾多企業在台場所建立的形象館之一,是日本企業對社會的回饋,非常有名。在Panasonic Center裡面,有很多數理知識方面的小遊戲和體驗,可以讓小朋友在玩遊戲之中,學習到邏輯概念,激發小孩子的想像力和創造力。除此之外還有3D電影和未來生活館,裡面有很多Panasonic最新家電展示,為小朋友描繪出未來生活的想像藍圖,小朋友和家長們可以一起體驗喔!

Panasonic Center旅遊資訊

票價：入場免費，3F的展示會場依照當時的展覽收取費用。

營業時間：AM10：00～PM18：00

交通：臨海線「國際展市場站「Rinkaisen "Kokusai-tenjijo Station"）」徒步兩分鐘；百合海鷗號「有明站（Ariake Station）
　　　徒步三分鐘

地址：東京都江東區有明2丁目5番18號

電話：03-3599-2600

網址：http://panasonic.co.jp/center/tokyo/

台場TOP6-筋肉主題樂園(Muscle Park)

　　由於台場MALL之一的東京海濱-迪克斯非常大，裡面也有適合大約十二歲左右的孩子玩的「Muscle Park」運動主題樂園，這是免費入場的喔！但是若要使用設施就需要付費。這個主題樂園模仿了日本當紅的運動節目「極限運動王」，設有八個不同主題區共廿多項娛樂設施，如棒球九宮格、電流急急棒等等，一整套挑戰體能的運動關卡讓小朋友過關斬將，達成目標！

　　當小朋友挑戰完成的時候，不但運動到了全身，也提升了他們的自信心，我覺得非常好玩，各種年齡的小朋友都有適合他們玩的器材，爸媽也可以在一旁協助，和小孩一起完成各種挑戰，非常適合親子共遊。

　　由於是運動主題樂園，我們在美食廣場還一起吃了「跳箱造型」的漢堡，漢堡的造型可愛極了！不僅我兒子覺得新奇，連我都覺得非常特別呢！

Muscle Park旅遊資訊

票價：入場免費，各遊戲收300円至700円不等，套票300円，門票在門口的售
　　　票機有售

營業時間：AM11：00～PM21：00

交通：搭乘東京臨海新交通「百合海鷗號（Yurikamome）」至台場海
　　　濱公園站（Odaiba-kaihinkoen Station）下車徒步2分鐘

地址：東京都港區台場1丁目6番1

電話：81-3-6821-9999

網址：http://www.musclepark.jp/

超可愛「跳箱造型」的漢堡。◢

2. 小朋友最愛的三麗鷗彩虹樂園(Sanrio Puroland)

小男生小女生的天堂

　　東京除了最著名的迪士尼樂園之外，還有一個卡通人物的主題樂園絕對是全家大小不可錯過的，那就是粉嫩可愛的「Hello Kitty」！

　　這是日本三麗鷗公司建造的「三麗鷗彩虹樂園（Sanrio Puroland）」，裡面除了最火紅的Hello Kitty之外，還有其他三麗鷗的可愛明星喔！像是大耳狗、美樂蒂、大寶……等等在台灣都非常紅的可愛卡通人物，在這裡可以和大型的人偶一起拍照留念，還有很多樂園內限定的紀念品可以挑選呢！

　　這時候，也許爸爸媽媽會懷疑，要是家裡的小寶貝都是男生的話，會不會對這些可愛粉嫩的卡通人物沒興趣呢？其實一點都不需要擔心！因為我的兒子在這裡也玩得非常開心！

　　三麗鷗彩虹樂園全部都是室內的設施，完全不會受到天氣的影響，即使是下雨天也可以玩。裡面的遊樂設施大多適合國小四年級以下的小孩使用，所以如果家裡的孩子年齡比較小，三麗鷗彩虹樂園真的是不錯的選擇！另外，如果你是帶小嬰兒來，這裡也提供嬰兒車以及其他嬰兒需要的物品，是一個為小孩子量身打造的粉嫩天堂啊！

▼ 因為表姊超愛Hello Kitty,這是特別為她照的。

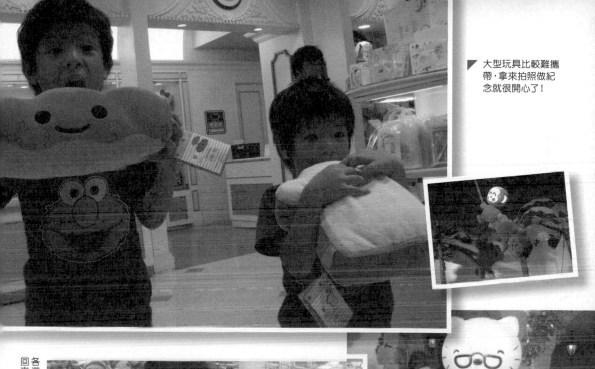

▶ 大型玩具比較難攜帶，拿來拍照做紀念就很開心了！

各選了一個喜歡的紀念品帶回來喔！

富有教育意義的劇場

在三麗鷗彩虹樂園裡，你可以拜訪所有三麗鷗明星們的家，他們的家都是實際比例的大小喔！讓你彷彿走進了童話世界一樣。也有小孩子玩的雲霄飛車，不過我覺得最棒的，莫過於裡面的劇場了！

三麗鷗彩虹樂園的劇場有各種卡通明星主演的劇場，故事都非常具有教育意義。像是我們這次去看到的劇碼是由Hello Kitty主演的「胡桃鉗」，非常感人，即使聽不懂日文，也可以從Hello Kitty豐富的肢體語言裡了解故事的發展，我都差點被感動得哭了呢！還有另外一個故事是關於Hello Kitty被壞人綁架，她的男朋友Daniel英雄救美的故事，情節都很簡單，主要表達：「愛、感動和勇氣」，隨著情節的投入，小朋友就可以從故事中學習到生活點滴，並且對自己現在的生活感到幸福。

除此之外，我的老公也試著讓我的兒子觀察劇中的舞群，即使是站在舞台最邊邊、最不起眼的舞者，都非常認真而且敬業的跳舞，每一個動作都非常確實，而且笑得很開心，這也讓小孩子了解到即使是一顆不起眼的小螺絲釘，也是非常重要的！Hello Kitty的劇場讓我們做了一次非常好的人生態度機會教育！

劇場每天都有很多場次，而且會定期變換不同的劇碼，讓來玩的人永遠保持新鮮感，結合了教育意義和好聽、好看的歌舞，可以給小朋友很多的視覺享受喔！

三麗鷗彩虹樂園的佔地並不大，大約半天的時間就可以全部逛完，在樂園裡面有美食廣場，裡面的餐點也都和Hello Kitty相關，不是做成Hello Kitty的造型，就是會有可愛的人偶來陪你一起用餐，光是用想的就夠夢幻了吧！

如果你想在附近用餐的話，三麗鷗彩虹樂園前面就是一條商店街，裡面有很多溫馨的小餐廳，以及一些紀念品商店可以逛喔！

時尚媽咪 小叮嚀

遊樂園的小建議

由於三麗鷗彩虹樂園位於多摩川(Sanrio Puroland)，距離東京都內有兩個小時左右的車程，和成田機場呈現一個三角點，所以如果要從機場去三麗鷗彩虹樂園，建議可以在到達機場時，先將當天所需的行李整理出來，其他的行李則用宅急便寄去飯店，如此一來就可以直接從機場去三麗鷗彩虹樂園，不但省時又省力！

如果是從東京前往三麗鷗彩虹樂園，建議可以先在日本Yahoo的路線情報查詢好來回的班次時間表，因為日本的快車和慢車需要花費的時間差很多，如果先查好要搭乘的班次，就可以更有效利用時間，玩得更盡興喔！

雖然多摩川距離東京都內有一段距離，但是不一定要住在三麗鷗彩虹樂園附近，因為附近並沒有其他著名的景點，但是若住在有和三麗鷗彩虹樂園合作的飯店，就會有訂房間附門票的套裝，也是一種比較經濟實惠的選擇！

因為三麗鷗彩虹樂園的佔地並不大，所以建議大家可以下午購買星光票進去玩，假日的三麗鷗彩虹樂園開到晚上八點，也就可以玩得很盡興囉！

Sanrio Puroland旅遊資訊

票價		成人（18歲以上）	青少年（12～17歲）	小孩（11歲以下）
一日通用券	預售	4,000円	3,700円	3,000円
	當日	4,400円	4,000円	3,300円
星光通用券（晚上四點之後入場）	預售	3,000円	2,700円	2,300円
	當日	3,400円	3,000円	2,600円
入場券（不得使用設施）	當日	3,000円	2,700円	2,000円
星光入場券	當日	2,000円	1,700円	1,300円

營業時間：平日（週一～週五）：AM10：00～PM17：00例假日：AM10：00～PM20：00
交通：東京成田機場：搭乘機場巴士約120-145分鐘至多摩中心（Tama Center Station）下車 徒步約五分鐘
　　　東京羽田機場：搭乘機場巴士約80-120分鐘至多摩中心（Tama Center Station）下車 徒步約五分鐘
　　　新宿：搭乘京王線快速列車（Keio Line Kaisoku）往橋本（Hashimoto Station）方向至京王多摩中心（Keio-tama-center Station）
地址：東京都多摩市落合1-31
電話：042-339-1111
網址：http://www.puroland.co.jp/index.html

3. 玩不膩的迪士尼樂園 (Tokyo Disneyland)

　　東京迪士尼樂園世界知名，不論是第一次踏上東京，或者是來過很多次的老經驗，都一定會想一去再去的樂園。

　　無論是大人小孩，都抵擋不住米老鼠的神奇魔力，我從讀書時就去過迪士尼樂園，前前後後大概去了有二十多次了吧，可是這麼多年以來，迪士尼樂園卻依然讓我感到驚奇，它的設施越來越新，而且只要踏進迪士尼樂園，心裡那個天真的小孩就好像又活了過來！這也是讓我百去不膩的原因之一。

　　在這裡還要跟大家分享一個和迪士尼有關的日本傳說，傳說熱戀中的情侶不可以一起去迪士尼樂園遊玩，要不然很可能會吵架或分手。當然也有很多不信邪的情侶會一起去迪士尼破解迷信。我想，要是帶著家裡的小寶貝去迪士尼樂園，應該就沒有問題！

林葉亭 達人家の幸福自由行

▼ 跟穿浴衣的姊姊合照。

迪士尼樂園之所以屹立不搖的另一個原因，應該就是它老少皆宜的遊樂設施。有適合年輕人驚險刺激的雲霄飛車，也有如童話王國一般的真實模型，可以讓小孩在裡面遊玩、拍照。當然還有來到迪士尼樂園絕對不可錯過的花車大遊行以及夜晚的煙火秀。

想要安排迪士尼樂園的行程，絕對要算準時間，排除旺季，才不會到處大排長龍，會浪費掉很多遊玩的時間喔！一般來說，日本人的暑假從八月才開始，比台灣晚了一個月，所以七月就可以避開當地人遊玩的人潮。而且一週之中，最好也盡量避開星期五、六、日的時間，還有例假日不但位於園內的飯店房價比較貴，所以最黃金的時期就是平日的星期一～四啦！

玩到累了，坐著放空一下。

林葉亭 達人家の幸福自由行

PART2──── 瘋東京

迪士尼樂園會定期推出當季的活動，花車遊行也會隨著季節的不同而有不同的主題，這就是為什麼每次去都可以有不同驚喜的原因。爸爸媽媽們可以帶著小寶貝，選擇適合他們年紀的遊樂設施，如果孩子年紀還很小的話也不用擔心，因為這裡就連恐怖的鬼屋也都設計的非常可愛，不會把小孩嚇哭的。玩累了可以找塊空地，鋪上野餐墊坐著休息，等待花車遊行的開始。所以要記得準備野餐墊喔！因為小孩子玩樂之後都很容易累，迪士尼樂園佔地又很廣大，有野餐墊的話，找到空地就可以讓孩子稍作休息，才不會體力透支。

迪士尼樂園旅遊資訊

票價	成人（18歲以上）	青少年（12～17歲）	小孩（11歲以下）
一日護照（迪士尼樂園或海洋樂園擇一）	5,800円	5,000円	3,900円
兩日護照	10,000円	8,800円	6,900円
敬老護照（60歲以上）	5,100円		
星光護照（週末、國定假日的下午三點起）	4,700円	4,100円	3,200円
傍晚六點後護照（僅限一到五使用）	3,100円		

營業時間：AM9：00～PM22：00
交通：從東京車站搭JR京葉線（Keiyo Line）或武藏野線（Musashino Line）於舞濱站（Maihama Station）南口下車
地址：千葉縣浦安市舞濱1-番地1
電話：047-310-0733
網址：http://home.disney.co.jp/

時尚媽咪 小叮嚀

Q：在遊樂園裡該怎麼準備食物？

遊樂園中雖然有餐廳，但是通常價位比較高，而且小孩子玩瘋了之後，會比較沒耐性乖乖坐下來吃飯，而且一票到底的票，中途出去吃飯會很浪費遊玩時間。通常我都會在進入遊樂園之前，先在便利商店買一些零食和飯糰，日本的便利商店有很多熟食可供選擇，也比較便宜，玩累了之後可以在園區之中直接野餐，方便又好吃！

暢遊迪士尼樂園撇步

迪士尼樂園以小孩子的王國著稱，而日本人對於服務業的注重也是世界聞名的，我帶著兩個小寶貝去迪士尼樂園的時候就深刻感受到。

由於迪士尼樂園佔地廣大，在園區內便有遊園車可以搭乘，對於年紀較大的長輩和需要抱著小孩的父母是一大福音，搭乘遊園車就可以到達各個區域。另外像是娃娃車等小孩需要的用具都有提供，有些是免費的，有些則需收費，只要事先在網站上查詢就可以了。

而迪士尼樂園工作人員的親切和主動，到現在都還讓我印象深刻。有一次是在我的兩個兒子更小的時候，我單獨一個人帶著他們來迪士尼樂園玩，沒有爸爸幫忙，一個人要照顧兩個小孩就特別辛苦，而當我們要搭乘一項遊樂設施的時候，由於那項設施限乘兩人，而且小孩太小需要家長陪同，這個時候工作人員就主動提出，要幫我照顧其中一個小孩，我就可以輪流帶他們玩。有一次我的小兒子安安在興奮奔跑的時候跌倒了，結果一瞬間，不知道從哪裡冒出來一大堆的工作人員圍著他，擔心地詢問有沒有怎麼樣，我想也就是他們的認真和敬業，才會讓迪士尼樂園一直都受到大家的喜愛！

林葉亭 達人家の幸福自由行

迪士尼樂園親子非玩不可

　　若是帶五到七歲的小孩去迪士尼樂園，有幾項遊樂設施絕對不可錯過喔！

蒸氣船：

　　一共有三層樓高，會在樂園中河道中繞行，在航行途中，可以看到熱帶叢林的景觀和動物，小朋友會覺得很神秘刺激呢！最特別的是，在每次航行中，蒸氣船都會挑選一個家庭，帶領他們進入船長室，我們就幸運地被挑選到，可以體驗開船的刺激以及和船長合照！

小火車：

　　軌道繞行整個園區，因為速度慢慢的，想拍下美麗的迪士尼樂園風景的話，可要趁現在！小火車的風格是西部拓荒之旅，坐在咖搭咖搭的軌道上，真的很有復古風味呢！

小熊維尼故事樂園：

　　故事樂園是室內的，坐在有軌道的小船上，欣賞小熊維尼的冒險故事，就像是「小小世界」一樣。這種較靜態的遊樂設施是為更小的小孩特別設計，因為非常可愛，我們也都很喜歡喔！

巴斯光年雲霄飛車：

　　以巴斯光年為主題的室內雲霄飛車，因為是小孩子也可以玩的雲霄飛車，所以速度不快，軌道也沒有那麼刺激，不過其中加入了射擊遊戲，讓小朋友好像經歷了一場太空大戰一樣！安安因為年紀小，難得可以玩到雲霄飛車這種比較刺激的設施，Tv還興奮地一連玩了五次呢！

金礦山：

　　這是我們玩過最刺激的遊樂設施了！玩過的人都知道，最刺激的是俯衝而下時，會有一台攝影機「喀擦！」拍下你害怕的樣子，我們全家還為了第一張拍的不夠漂亮，又特地再坐了一次，在攝影機前面比YA呢！購買照片還要另外付費喔！

 76

暢遊迪士尼的10個鐵則

1. 早點出門，在開園時入園！

　　迪士尼樂園腹地廣大，常常花了一整天下來也只玩了二分之一而已，如果是碰到假日的話，更是人山人海。所以要玩得盡興又沒有遺憾，最好在迪士尼早上一開園的時候就入場，因為門票是一票到底的，這樣就能夠充分的運用時間。如果住在迪士尼樂園的飯店，甚至還可以比別人早一個小時入園喔！也算是一項特別優待呢！

2. 去之前先排好遊玩行程，才不會浪費時間！

　　迪士尼樂園裡有兩大樂園，裡面還細分出很多不同風格的遊樂區塊，遊樂設施當然是不勝枚舉囉！面對這麼多眼花撩亂的選擇，到了現場一定會不知道該從哪下手，所以我都會在去之前，先上迪士尼樂園的網站，和小孩一起討論他們想要玩些什麼，就可以排出當天遊玩的行程囉！才不會浪費時間！

3. 超人氣遊樂設施排隊法

　　每個遊樂區域之中都一定會有人氣遊樂設施，常常大排長龍，不花個三小時排隊絕對玩不到的！迪士尼樂園為了紓解排隊人潮，在熱門遊樂設施旁邊都會設置一個抽取「快速通行券」的機器，上面會註明你只要在大約幾點的時候來，不用排隊就可以使用該項器材了，真的非常省時！

　　而且我也要偷偷告訴大家，根據我的經驗，如果排隊等待的時間大概只需要半小時左右，建議大家就直接排隊吧！因為這在超人氣遊樂設施裡算是「很短暫」的排隊時間了，如果是需要兩~三個小時以上，抽券後可以先帶小朋友去其他地方玩，等時間差不多了再回來就可以囉！善加利用超人氣遊樂設施的「快速通行券」就可以玩到更多項目了。

　　在排隊的時候小孩子都會覺得很無聊、容易不耐煩，這時候爸爸媽媽們就可以準

備一些小遊戲來打發時間，像是文字接龍、猜拳等等，可以全家一起參與的遊戲最好了！不但可以讓小朋友動腦筋，親子之間也可以越來越親密。打Game Boy雖然這是打發時間的好方法，但是很容易讓小孩子沉迷電動喔！

4. 絕不能錯過米老鼠裝扮！

既然來到迪士尼樂園這麼如夢似幻的場景裡面，絕對是不可錯過變身成為裡面人物的機會！就連大人來到迪士尼樂園都會被激發出童心，所以我超級推薦大家可以一起變身為米老鼠！只要買個有著米老鼠耳朵的髮箍戴在頭上，就會變得非常可愛呢！一個髮箍大約只要1000日幣左右，就能讓小孩身歷其境。回到台灣之後，小朋友若有變裝派對，這個可愛的髮箍又可以立刻派上用場啦！

5. 挑禮物小撇步

迪士尼樂園中有大大小小各種不同主題的紀念品店，常常讓人眼花撩亂，荷包失血不可收拾。小朋友可能會吵著要買東買西的，不知道節制。除了事先約法三章之外，在紀念品店中一些可愛的人偶帽，覺得買回去不實用的話，就讓小孩子戴著拍照留念吧！

逛紀念品店的時間最好可以選在早上和下午，因為到了晚上，尤其是煙火遊行之後，正是遊客準備買禮物回家的時間，那時候的紀念品店到處都是人擠人，不想跟大家擠在一起採購的話，最好還是挑人少的時候才是聰明的選擇。

6. 避開尖峰用餐時間

迪士尼樂園裡面有非常多可愛的餐廳，有平價的美食街也有高級的餐廳。餐點通常也都會有可愛的主題，例如米老鼠形狀的咖哩飯，讓人一看就愛不釋手，建議大家絕對不能錯過這裡的餐點。不過遊樂區用餐時間都是人滿為患，建議爸爸媽媽們可以避開尖峰的用餐時間，人潮多的時間大約是中午的AM11：00~PM13：00，晚餐是PM17：00~PM19：00。

如果肚子餓的話，可以先帶一些小蛋糕或是麵包，餓的時候可以果腹，更可以趁

用餐時間人少的時候好好地玩喔！

7. 一定要看花車遊行！

　　迪士尼樂園最有名當屬花車遊行了！在遊行當中，會有所有迪士尼的經典人物載歌載舞，讓人好像真的進入了童話世界一樣。遊行一天有兩場，分別是下午的花車遊行，會有大批的遊行隊伍，大型的米老鼠玩偶跟大家互動。晚上則是以煙火為主的花車遊行，在天空中綻放的燦爛煙火，真的是夢幻極了！

8. 迪士尼必吃零食——爆米花

　　走在迪士尼樂園裡面，常常可以看到大朋友、小朋友每個人都背著一個可愛的小桶子，這就是在園區中最受歡迎的零食——爆米花！雖然爆米花的滋味和平常沒有太大不同，不過特殊的爆米花桶子非常可愛，成為在迪士尼樂園裡最受歡迎的零食，工作人員會將熱騰騰的爆米花裝滿你的桶子，讓你無論走到哪裡都可以吃到爆米花，成為迪士尼樂園裡的一個特色。

　　裝爆米花的桶子帶回台灣之後，也可以成為小朋友的玩具置物桶，非常實用喔！

時尚媽咪
小叮嚀

數位相機小提醒
數位相機的記憶卡和電池不要少帶喔！

準備小遊戲排隊不無聊
可以準備一些小遊戲，像是接龍、數讀、腦筋急轉彎…等小遊戲，這樣排隊的時候就不會無聊了。

林葉亭 達人家の幸福自由行

9. 我愛米老鼠,照相秘訣!

　　走在迪士尼樂園裡,常常會不經意地遇到經典人物的大型玩偶和你打招呼,熱情地合照。若不趕快把握機會合照的話,可能之後也很難遇到了。

　　在這裡要偷偷告訴各位,其實人形玩偶最常出沒的地方是——大門口,所以一進大門口之後,第一件事就是趕快先跟米老鼠、唐老鴨、高飛狗來個親密合照吧!這可是機會難得呢,小孩子都非常喜歡!

10. 三歲以下小孩必備娃娃車

　　如果帶三歲以下的小朋友去迪士尼樂園或是出國玩,我覺得最好還是要一個輕便一點的娃娃車,以免小孩子一直要大人抱,睡著後更是辛苦,樂園裡面也有出租娃娃車給父母使用。小朋友體力沒有大人好、容易累,若是有娃娃車可以讓他們隨時隨地休息的話,也就比較不會無理取鬧了喔!

　　父母若是有一些隨身的行李,也可以將娃娃車充當行李車,不用背著大包小包的,也比較輕鬆。使用遊樂設施時,也有娃娃車專用的「停車場」在旁邊,會有專人幫你看顧,不用怕東西會不見呢!

迪士尼園區內渡假飯店

在迪士尼樂園之中目前有三間飯店,除了迪士尼大使飯店(Disney Ambassador Hotel)和迪士尼海景海洋大(Tokyo DisneySeaHotel MiraCosta)及一間即將在2008年7月隆重開幕的東京迪士尼樂園大飯店(Tokyo Disneyland Hotel),這個全新開幕的飯店以迪士尼經典的卡通如「小飛俠」、「白雪公主」、「愛麗絲夢遊仙境」……等人物作為房間的佈置主題,讓你一走進去就彷彿置身在童話世界當中,光是想到就讓人覺得很興奮呢!

三間位在園區之中的飯店處處都可看見專屬於迪士尼的童話夢境,無論是牆壁上的裝飾或是燈,都是米老鼠的形狀,充滿童趣,小孩子看到也會覺得很稀奇好玩!

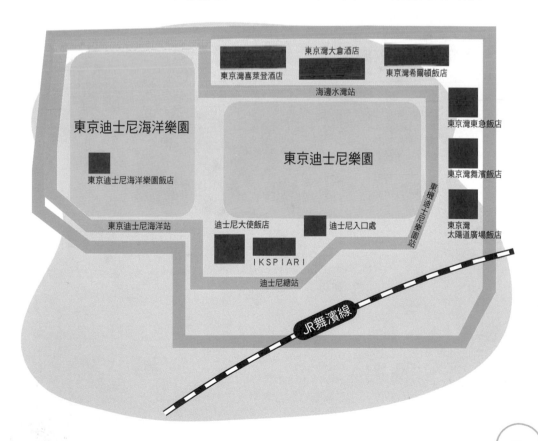

林葉亭 達人家の幸福自由行

甚至連房間中的沐浴用品等等，都會做成可愛的米老鼠喔！迪士尼用心的程度，讓我都不禁佩服，我想若不是還有其它行程，在整個迪士尼樂園待個幾天都玩不膩吧！

　　而在迪士尼海洋世界裡面的海景大飯店，除了有一般客房之外，也有特別為了觀賞海景設計的大型露台房間，小朋友可以在露台上一邊玩耍，父母一邊欣賞迪士尼海洋世界的壯闊海景和童話場景。

　　迪士尼海洋世界是二〇〇一年新開幕的樂園，主題顧名思義當然是以海洋世界和故事為主囉！裡面的主角像是耳熟能詳的米老鼠、唐老鴨、高飛狗……等等，在迪士尼海洋世界裡面都搖身一變成為可愛的海盜，服裝也都跟著改變，非常可愛！除此之外，也有近年來非常當紅的海盜電影主角，像是「神鬼奇航」裡的海盜，及海中的大水怪，還有「海底總動員」裡可愛的小熱帶魚「尼莫」，甚至還有造型誇張的貓王呢！不過這裡的人物小孩子可能比較不熟悉，像我的小兒子安安看到貓王時，還被他誇張的髮型給嚇哭了呢！哈哈！

迪士尼渡假飯店旅遊資訊

東京迪士尼渡假區預約中心可預約渡假區內三間飯店：
迪士尼大使飯店Disney Ambassador Hotel
東京迪士尼海洋海景大飯店Tokyo Disney Sea Miracosta Hotel
東京迪士尼樂園大飯店TTokyo Disney Land Hotel（2008年7月開幕）

預約電話	81-(0)45-683-3333	81-(0)45-345-0708
預約時間	AM9：00～PM21：00	
房價	各位想要省錢的媽咪們，可以以下網址查詢喔http://www.disneyhotels.jp/tdh/index_ch.html有各式各樣的房間種類，可以提供大家做選擇！	
線上訂房	http://www.tokyodisneyresort.co.jp/vm/index.html（也可查詢訂房狀況，還有每天的房價公佈喔！）	

P.S. 這三家飯店都在園區內，所以預約查詢的方式是相同的喔！

迪士尼樂園周邊飯店推薦

　　迪士尼樂園位於東京的舞濱地區，不是位於市中心，由於迪士尼樂園腹地廣大，所以我覺得可以安排兩天一夜的行程，比較輕鬆，而且也可以深入遊玩。若考慮預算問題，在舞濱地區也有許多經過迪士尼樂園官方認證的飯店會推出迪士尼遊玩的套裝行程，也是另外一個選擇。

　　像我就曾經訂過希爾頓東京灣大飯店，裡面的房間會特地佈置得很活潑，有一些可愛的壁畫，地毯也使用熱情的顏色，讓人住在房間裡就好像已經到了遊樂園一樣，充滿期待感呢！

飯店	地址	電話	網址	特色
東京太陽之路廣場大飯店（Sunroute Plaza Tokyo）	千葉縣浦安市舞濱1-6	（047）-355-1111	http://www.sunroute-plaza-tokyo.com/cn/index.htm	此飯店是東京迪士尼度假區的官方酒店之一，獲得授權可出售東京迪士尼樂園和海洋公園的入場卷給住房的賓客。東京太陽之路廣場大飯店位於極佳的位置，非常靠近許多旅遊景點，而且來往東京市非常的容易和方便。
東京灣舞濱大飯店（Tokyo Bay Maihama Hotel）	千葉縣浦安市舞濱1-34	（047）-355-1222	http://www.maihamahotel.jp/ch/index.html	本酒店圓形的外觀引人注目。由11層頂層的大玻璃天井射進的陽光，為酒店的中庭營造了一片具有開放感的空間。環繞自然和諧與令人愉悅的街景相融合的酒店中庭四周，最多可入住3-6人的客房、大浴池、餐廳、獨立的教會、宴會廳和店鋪等各種設施一應俱全。
東急東京港灣飯店（Tokyo Bay Hotel Tokyu）	千葉縣浦安市舞濱1-7	（047）-355-2411	http://www.tokyuhotelsjapan.com/zh-tw/index.html	因為位於東京灣旁，所以可以同時享受東京灣的美景以及舒適的住宿。
希爾頓東京灣大飯店（Hilton Tokyo Bay）	千葉縣浦安市舞濱1-8	（047）-355-5000	http://hiltontokyobay.jp/	希爾頓大飯店是全球知名連鎖飯店，住房品質有絕對的保障，另外值得一提的是，先前在台灣已經播出的日劇「情定大飯店」就是在此飯店取景喔！想要親自體驗電視劇場景的讀者們，千萬不要錯過喔！
東京灣大倉飯店（Hotel Okura Tokyo Bay）	千葉縣浦安市舞濱1-8	（047）-355-3333	http://www.okuratokyobay.net/	此飯店的特點在於，外觀氣派猶如宮殿的渡假飯店。住在此飯店中，可以同時體驗歐洲城堡風情與和式風華喔！

林葉亭 達人家の幸福自由行

| 東京灣喜來登大飯店 (Sheraton Grande Tokyo Bay Hotel) | 千葉縣浦安市舞濱1-9 | (047)-355-5555 | http://www.sheratontokyobay.co.jp/ | 喜萊登大飯店佔地寬廣，所以每個房間均附有陽臺的休閒空間。非常適合媽咪們帶著小寶貝們入住，可以讓小寶貝們有更多的空間可以休閒遊玩。 |

Q：這幾家飯店的房價如何呢？

週邊的六家飯店房價都在30000日幣～60000日幣不等，不過如果有想要入住他們的主題飯店，在價錢上面可能會些許提高喔，另外在旅遊旺季更有推出各式各樣的優惠方案供遊客們選擇，讀者們想要獲取更多的資訊，都可以藉由提供的網址隨時查詢更新消息喔！

4. 哈都巴士 (Hato Bus) 東京套裝旅遊

　　哈都巴士（Hato Bus）是東京非常有名而且經營五十年之久的短期旅遊行程巴士。當觀光客第一次來到東京這個美麗又豐富的大都市的時候，常常會不知道該從何玩起，因為這樣，有著可愛鵝黃色的哈都巴士就應運而生！如果媽媽們在安排行程時想省點時間，經典東京一日遊就是個不錯的選擇。

　　每個人都可以在哈都巴士找到適合自己的行程喔！不論你是想要享受道地的日式美食，還是想要在時尚天堂東京來個瘋狂血拼，或是為年紀大一點的爺爺、奶奶量身打造的神社參觀或郊外踏青……都可以在哈都巴士找到符合你需求的行程。我以前在東京唸書的時候，就常常和同學，或是來東京看我的親戚朋友們一起參加哈都巴士的旅程，印象最深刻的就是「星光夜遊郵輪之旅」，在黃昏時分搭上豪華郵輪夜遊東

京灣，還在郵輪上享受了法國料理喔！

　　我之所以想推薦哈都巴士的行程給各位爸爸媽媽，就是因為哈都巴士很方便，哈都巴士不但包辦了交通和食宿，還會有專業的導遊帶你暢遊東京，並告訴你哪裡有好吃的、好玩的，哪些地方又值得一去，像是去參觀東京鐵塔的話，導遊還會告訴你從哪個角度看會最美喔！所以哈都巴士非常適合第一次去東京遊玩，又不知道該從何下手的父母。某些特定行程，還會有講中文的導遊呢！

哈都巴士行程推薦

主題	詳情
星光夜遊郵輪之旅	遊玩時間：PM17：40〜PM21：50出發日：每天出發費用：成人6,500円／兒童3,900円
東京著名景點一日遊	遊玩時間：AM9：00〜PM17：10出發日：每個星期一、三、五以及星期日出發費用：成人8,500円／兒童5,000円（附午餐）行程：遊覽皇居二重橋、淺草寺、台場、東京鐵塔……等著名景點。
東京著名景點半日遊	遊玩時間：AM9：00〜PM出發日：每個星期一、三、五以及星期日出發費用：成人1,800円／兒童900　（半日遊，不附午餐）行程：遊覽皇居二重橋、淺草寺、台場、東京鐵塔……等著名景點。
富士山一日遊	時間：AM9：00〜PM18：30出發日：每個星期二、四、六以及星期日出發費用：成人8,500円／兒童6,000円行程：富士遊客中心、忍野八海、紅富士之湯、富士急樂園……ㄒ等著名景點。

哈都巴士網址：http://www.hatobus.co.jp/
更詳細的行程可在網路上瀏覽，並且線上預約。有當天來回的半日遊、一日遊，以及需要過夜的兩日遊等等，價格大約在5000円〜10000円左右，超方便也非常划算。
另外台灣也有代理哈都巴士的旅遊行程喔！可以上http://www.hatobus.com.tw/program/hatobus/選取想要的行程喔！

林葉亭 達人家の幸福自由行

Part 3

輕井澤 karuizawa 租車兜風趣

帶著孩子一起悠閒地
日本文豪最愛的避暑勝地吧

PART3——輕井澤租車兜風趣

在東京近郊有一個日本非常著名的渡假勝地－－就是有「小瑞士」之稱的輕井澤，位於長野縣東南部，從東京搭新幹線搭車大約只要兩個小時的時間。

由於日本文學及日劇的影響，大家對輕井澤這個名字並不陌生，不過一般的跟團旅遊其實比較少安排到這邊，其實輕井澤對日本人來說可是很熱門的景點，如果可以去輕井澤渡假，身邊的人都會非常羨慕呢！

輕井澤成為避暑勝地的由來，也非常「洋化」。大概在兩百多年以前，有一位英國傳教士亞歷安卓（Alexander）到了輕井澤，發現這裡的景色和他的故鄉蘇格蘭很相似，於是廣向友人宣傳，並在這裡興建了渡假別墅。也正是這個時候，日本鐵路設置了輕井澤站，可以從東京直達山明水秀的輕井澤；交通便利了，許多傳教士、知識份子、文化人接連到訪，輕井澤因而成為知名的避暑勝地。也因著很多著名的文人雅士來訪，這裡的和風古典氣息非常濃厚，在輕井澤各個角落都可以發現文人們的紀念碑，也有許多觀光客其實是為了朝聖而前來的文藝青年呢！

後來，輕井澤的名聲越來越響亮，到訪的人數也漸漸增加，在明治三十年的時候開始出現了別墅出租及飯店營業。如果想要安排東京近郊的旅行，輕井澤絕對是不可錯過的地方。

林葉亭 達人家の幸福自由行

長野縣

輕井澤町

1. 輕井澤〈Karuizawa〉四季好景色

　　輕井澤有一半的面積位於國家公園，漫步在翠綠色的森林小徑中，讓穿透樹間的陽光灑在身上，聆聽悅耳的鳥鳴，享受芬多精的森林浴，這個畫面光是想像就很美了。

　　我在日本留學的時候，學校的新生訓練就安排到輕井澤去。之所以向大家推薦這個景點，是因為輕井澤一年四季都有非常美麗的景色：春天有繽紛的櫻花；夏天有晴朗的天空；秋天可以欣賞火紅的楓葉；而冬天則是日本知名的滑雪勝地，雪融之後的滑雪場就變成高爾夫

球場。所以，無論你計畫哪個季節來，都不同的風景可以欣賞喔！

四季變化的美麗是輕井澤給人的獨特印象，四季都有不同的祭典，春天有「若葉祭典」、夏天有「森林祭典」、秋天有「紅葉祭典」另外還有冬天的「冰祭典」，一整年都非常熱鬧充實！

這裡也非常有異國風情，像是台灣的清境農場，充滿西歐風格的建築林立街頭，因此很多年輕人都很喜歡來這裡遊玩或渡蜜月。不過輕井澤地區的旅館價位也偏高，算是日本比較高檔的旅遊地區。

我建議大家如果要安排去輕井澤玩，三天兩夜的小旅行是最適宜的，因為點和點之間都需要開車，如果想要悠閒地享受，行程安排鬆一點會比較自在喔！

時尚媽咪小叮嚀

時尚媽咪省錢撇步

前文曾經和大家提到我會在日本便利商店購買食物來解決一餐，除了方便之外，當然還有一個考量就是——比較省錢。由於日本的物價很高，尤其是東京地區或市區，一碗拉麵就要300~400元台幣，所以到餐廳吃飯是很大的開銷，因此搭配著餐廳、小吃、速食店以及便利商店的食物，輪流替換不但可以吃得很豐富，也能節省下不少預算。

輕井澤的交通

去輕井澤非常方便,只要搭乘電車就可以抵達了,電車一般有分指定席和非指定席兩種,像是台灣高鐵的指定席和自由座。在這裡又要告訴大家一個買票的經驗,因為小學以下(大概七歲)是不需要買票的,所以建議大人可以買非指定席的車票,票價比較便宜,大約在5000日幣左右,這樣做的另外一個原因是,日本的列車是三個位子為一排,像我們家兩大兩小,若是購買指定席座位,可能就會被分開,反而不能和家人坐在一起,如果買非指定席座位,小孩子又不用票,就可以選擇對向的位子先坐了喔!只要記得避開尖峰時刻及早點去月台排隊,一般來說非指定席也常常會有空位的。

輕井澤怎麼去?

搭乘JR列車:上越、長野新幹線(Jyouetsu-Nagano Shinkansen)從東京車站到輕井澤車站下車,即可到達輕井澤。

到達輕井澤之後,建議大家可以安排租車旅遊,因為輕井澤屬於山區,每個景點之間都有一段距離,大眾交通工具比較不發達,所以租車機動性會比較高喔!輕井澤的道路很寬,而且車子不多,可以非常放心的開車!

如果不會開車,還有另外一種選擇,那就是計程車一日遊,這是輕井澤當地的計程車推出的觀光行程,有幾小時的較短行程也有一日遊的行程,可以根據想去的地方挑選喔!雖然有當地計程車司機帶你去玩非常方便,但相對地收費會比較高,一個人大約在2000日幣~4000日幣不等,去之前可以多比較一下價格。

另外,輕井澤當地也有觀光巴士,有免費也有收費的,整個行程大約四到五個小時,費用大約是200日幣~400日幣不

等，包含了車資和部份門票，其實非常便宜！觀光巴士在夏天旅遊旺季是天天都有的，春天和秋天則是週末才有發車，不過到了冬天就停駛囉！去之前最好先查詢好資料，並且預定好行程。

　　此外由哈都巴士經營的觀光巴士則有從東京出發的輕井澤一日遊，也非常吸引人，有興趣的人要先詢問好資訊再上路喔。

林葉亭 達人家の幸福自由行

觀光計程車路程表

觀光計程車套裝行程	行程	費用
周遊淺間高原 (Asama Kogen)	主要景點：舊輕井澤、白絲瀑布、鬼押出……等 所需時間：約2小時40分	約18900円
周遊白根山高原 (Shiranesan Kogen)	主要景點：白絲瀑布、淺間牧場、草津溫泉、白根山、鬼押出……等 所需時間：6小時40分	約44100円
周遊舊輕井澤 (Kyukaruizawa)	主要景點：皇太子御用網球場、聖保羅教堂、雲場池 所要時間：1小時10分	約9450円
舊輕井澤文學之旅 (Kyukaruizawa literary monument course)	主要景點：芭蕉之碑、森林紀念碑、室生犀星文學碑、正宗白鳥碑、萬葉歌集碑、一家之歌碑、杉浦翠子碑、山口誓子句碑、有島武郎之碑 所需時間：2小時24分	約18900円

觀光計程車查詢網址

http://www.town.karuizawa.nagano.jp/html/English/contents/sightseeing/touristguide/index.html

計程車行的電話號碼

淺間觀光計程車（Asama Kanko Taxi）	TEL 0267-45-5264
輕井澤觀光計程車（Karuizawa Kanko Taxi）	TEL 0267-45-5408
草輕計程車（Kusakaru Taxi）	TEL 0267-42-2221
西武計程車（Seibu Hire）	TEL 0267-45-5099
Masuya Kotsu計程車（Masuya Kotsu）	TEL 0267-45-5223
松葉計程車（Matsuba Taxi）	TEL 0267-42-2181

時尚媽咪
小叮嚀

觀光導覽的部份可以不用全程都搭乘計程車喔！想要省錢的媽咪們，可以和計程車行連絡，請他們載你們到定點之後，全家大小在一起徒步參觀，不但可以省荷包，也可以徜徉在森林芬多精之中，別有一番風味呢！

觀光巴士路程表（輕井澤當地的觀光巴士，假日才有喔！）

觀光巴士套裝行程	行程介紹	費用	預約方式
淺間高原之旅 (Asama Kogen highlight course)	西部高原巴士（預約制） 主要景點：牛奶村、鬼押出園、白絲瀑布、鹽澤湖 出發時間及地點： 輕井澤AM10：00出發 中輕井澤AM10：25 所需時間4小時	大人約4000円 小孩約3000円	在輕井澤車站下車就可以在旅遊中心預約
淺間高原爽朗之旅 (Asama Kogen refreshing course)	草輕交通巴士（預約制） 主要景點：牛奶村、鎌原觀音堂、鬼押出園、白絲瀑布、舊三笠飯店 出發時間及地點： 輕井澤站北口3號線AM10：00出發	大人約4000円 小孩約3000円	

本地導覽(Local Tour)觀光巴士網址：http://www.karuizawa.or.jp/（記得要先安裝日文輸入法才可以查詢喔！）
哈都觀光巴士網址：http://www.hatobus.com.tw/ltp_view.aspx?ltpid=2008040077
(這網址是中文的喔，而且上網就可以預定行程了。)

林葉亭 達人家の幸福自由行

輕井澤的氣溫，夠冷吧！

台灣沒有的滑雪勝地

　　由於我們去輕井澤時是冬天，所以一開始就準備安排一場滑雪之旅，因為台灣不會下雪，我想讓兩個兒子看看雪是什麼樣子，他們一定會覺得非常新奇！不過為了安全起見，在去日本之前我就已經讓他們做很多的訓練了，像是直排輪的課程，訓練他們的平衡感，這樣到了當地就可以很快上手。雖然日本的滑雪場也有提供小孩子的滑雪教學，不過必須收費，而且也要考量到語言的問題，所以先讓小孩子熟悉類似的運動，他們比較不會恐懼，也才能玩得盡興喔！

　　輕井澤的滑雪場非常多，也都附有兒童戲雪區，如果真的不會滑雪的話，在戲雪區玩玩雪也很不錯！在車站就有到滑雪場的接駁車，因為滑雪會花費掉整整一天的時間，所以如果安排滑雪行程的話，當天最好就不要再安排其他行程了！

　　平日滑雪的人都以日本人為主，到了假日才會看到一些香港人，不過還是非常的少。在台灣滑雪還不是很流行，而且一般人會認為滑雪好像是個很難的運動，但只要來過一次都會瘋狂愛上滑雪呢！我的兩個兒子從來沒有滑過雪，但是一穿上雪橇就停不下來了，足足玩了四個多小時還捨不得離開。

　　其實觀察大家滑雪的樣子，反而是大人比較害怕，小孩子都橫衝直撞的，我先向

冬天到雪地服裝建議

冬季在日本要注意的是室外的寒冷防禦對策,以及室內的暖氣好脫對策,因為日本的室外室內的溫差會差到20度～25度,所以預備一件超保暖並輕便的外套是非常重要的喔!Judy媽咪為大家整理了以下四個要點,給大家參考:

上衣(外套)

除了保暖輕便外,因為小孩的脖子部分比較容易受涼,但使用圍巾又很怕會不小心勒到造成危險,所以可以選擇高領的內搭衣或是立領的外套來保護脖子,同樣的套頭式高領圍巾也是可以替代圍巾,不用擔心孩子的安全,他還可以保護口唇,避免因為天氣太冷而產生的乾裂現象。

套頭式高領圍巾 ◤

長褲

因為去雪地時的公共廁所,地板都比較潮濕,如果是連身的褲裝上廁所時就不方便穿脫,所以建議是上下分開的比較方便喔。

帽子

蓋耳的帽子 ◤

因為日本室外真的十分寒冷,選擇帽子的時候,記得要選擇可以蓋耳的帽子,這樣比較保暖喔!

鞋子

雪地是十分濕滑的,所以除了防滑的鞋底是必備要素之外,防水也是不可或缺的元素之一喔,在玩雪的過程中,小孩子不免會踩在雪堆上,這時候如果鞋子濕掉,是非常不舒服的,但是如果鞋子有防水的功能,就可以安心的在雪地上玩樂又不怕被弄濕啦!和鞋子一起搭配的襪子為了避免弄髒或是沾濕,也要多準備幾雙做替換喔!

帽子

上衣

長褲

鞋子

手套

日本的冬天比台灣冷多了,為了不讓手凍傷,手套當然是必備物品,手套和襪子一樣,在玩雪的時候容易弄濕、弄髒,所以也要多準備幾雙喔!

兒子們示範滑雪動作時，大兒子很認真聽，小兒子倒是心不在焉。記得那時候發生了一件又驚險又好笑的事情，我正在幫哥哥穿雪鞋，弟弟就很急地說他要開始練習，沒想到山坡還蠻陡的，他就這樣直直地衝下山去了！爸爸看到簡直嚇壞了，也不管自己根本不會滑雪，就衝下去追弟弟，結果沒想到弟弟很順利地通過了S型滑雪道抵達終點，反而是跟在後面的爸爸因為太過緊張了，摔了好多次。弟弟雖然平安抵達，可是卻開始嚎啕大哭，不是因為嚇到，而是因為到了山下之後看不到爸爸媽媽，才開始哭！

　　我事後趕到，很著急地問：「有沒有怎麼樣？！」結果爸爸竟然問：「怎麼停下來？」──原來爸爸根本不會煞車。

　　雖然事後回想覺得很好笑，也覺得滑雪並非想像中的難，但其實小朋友一個人滑走還是非常危險的！在滑雪場就算你很會滑，別人也是有可能會撞到你，所以小孩子絕對要顧好，不能讓他自己行動，如果真的不行的話，最好是到戲雪區玩比較恰當。

　　滑雪場從下午五點開始到九點就是夜間滑雪的時間，這時候的滑雪場會開大燈，也別有一番風味喔！

時尚媽咪小叮嚀

1. 滑雪場有租用全套滑雪裝備，不過防水手套還是自己準備比較好，以免尺寸不合，很容易滑掉。另外帽子也最好準備可以遮住耳朵的，太陽眼鏡也是必備品。

2. 要滑雪之前，可以先請當地的教練教導幾個基本的動作再開始，滑雪道有分難易度，最好先帶小孩子從簡單的開始，如果很順利的話再考慮往更難的地方挑戰，總之安全是最重要的！

3. 要乘坐滑雪纜車上山頂時往下滑的時候，因為滑雪纜車雖然速度慢但是不會停下來，小朋友可能會坐不到，可以跟工作人員說，你有小孩要坐纜車，那麼工作人員就會先幫你把纜車停下來，這樣比較安全喔！

4. 帶小孩子滑雪時，最好大人滑到一個定點，再讓小孩子滑下來，用階段式的方式滑雪，以免發生不會煞車或是撞到人的危險。

林葉亭 達人家の幸福自由行

除了滑雪之外，在輕井澤冬季還會有冰刀場，如果會溜直排輪的小朋友基本上溜冰刀也不會有問題。台灣的冰刀場較少，而且小巨蛋多半是大人去，所以到輕井澤簡直是小孩子玩雪的天堂！冰刀場收費不高，一個人約1000日幣左右，就可以溜一整天不限時間。不過溜冰刀和直排輪有點不一樣的是會比較滑，一開始還是先讓小朋友在場邊適應一下之後再開始，會比較安全。

在我們居住的飯店後面就有一個小型溜冰場，兩個小寶貝在這裡玩的很開心呢！

親子滑雪場推薦

王子飯店滑雪場(Prince Snow Resort Karuizawa)

地址：長野縣北佐久郡輕井澤町輕井澤

電話：0267-42-5588

交通：可於輕井澤車站搭乘滑雪專車前往

網址：http://ski.princehos.co.jp/

▶ 很多日本小孩跟我們一起溜冰刀喔！

時尚媽咪小叮嚀

為了讓小寶貝們有很開心的滑雪之旅，我在2個月前就讓他們練習直排輪，並帶他們到小巨蛋冰宮去體驗，真的付出時間去練習，這趟輕井澤的滑雪之旅，讓他們都很難忘。

門票：

		11月～12月中		12月中～3月初		3月中～4月初	
		平日	假日	平日	假日	平日	假日
一日券	大人	2,700円	3,700円	3,500円	4,500円	2,500円	3,500円
	小孩	1,700円	2,700円	2,000円	3,000円	1,500円	2,500円
半日券（可使用四個小時）	大人	2,200円	3,200円	3,000円	4,000円	2,000円	3,000円
	小孩	1,200円	2,200円	1,500円	2,500円	1,000円	2,000円
星光券	大人	不開放		1,800円		1,800円	
	小孩	不開放		1,300円		1,300円	

開放時間：

季節	日期	時間
11月～12月中	平日	AM9:00～PM16:00
	假日	AM8:30～PM16:00
12月中～3月初	平日	AM8:30～PM17:00
	假日	AM8:00～PM17:00
3月中～4月初	平日	AM8:30～PM17:00
	假日	AM8:00～PM17:00

總統渡假村滑雪場(President Resort Snow Park)
地址：群馬縣吾妻郡長野原町北輕井澤2032-16
電話：0279-84-1227
交通：http://www.presidentresort.jp/

門票：

	大人	小孩
1日券	3,500円	2,500円
4小時券（12點之後才可以使用）	2,500円	2,000円
2小時券（14點之後才可以使用）	2,000円	1,500円

開放時間：12月初～4月初，AM8:00～PM17:00
網址：http://www.presidentresort.jp/

輕井澤　王子飯店OUTLET廣場 (Karuizawa Prince Shopping Plaza)

　　喜歡逛街的父母們，絕對不能錯過輕井澤最有名的大型OUTLET商場——王子飯店OUTLET廣場，只要一出輕井澤車站就可以看到。這裡有非常多國際的知名品牌，無論是精品或是一般的品牌都應有盡有，而且除了佔地廣闊之外，這裡的建築也非常特別，很有異國風情，屋頂都尖尖的，這是因為輕井澤冬天會下雪，所以屋頂都必須做成尖型，讓雪不容易堆積。

　　王子飯店OUTLET廣場就像是一個大型的Shopping公園，如果要來這裡逛街，在商場中設有兒童休息室，假日是收費的，大約2000日幣~3000日幣，不過平日人少時就是免費的，可以把小孩子放在休息室裡面玩，還有工作人員會看著他們，讓父母們沒有後顧之憂。我跟老公就趁這個機會將孩子留在休息室，好好地逛了一下。

林葉亭 達人家の幸福自由行

　　不過這次我和老公一起逛街的時候，就深刻感受到如果要Shopping還是要自己一個人去逛，一來小孩放在休息室太久的話我也會擔心，二來老公太理智，每當我看到什麼東西想買時，他都覺得：「還好吧！」「可以再看看。」「與其買這個不如挑更好的。」等等。雖然老公說得也很有道理，不過這樣子逛街實在太不過癮啦，結果最後我唯一的戰利品是知名連鎖咖啡店的日本限定隨行杯。

　　所以我建議媽媽們，如果想要來日本大肆Shopping，還是另外跟妳的好姊妹安排一場Shopping之旅吧！如果是親子旅遊，逛街是不會盡興的喔！但是我覺得大家可以來這裡選購贈送親友的禮物，因為這裡有許多便宜、過季的名牌，但是樣式還是很流行，也可能台灣並沒有出這樣的款式，很適合買回去送人喔！

　　除了購物之外，這裡也附設遊樂中心、保齡球館等多處遊樂場所，時間有多少都不夠用！還能買到日本限定的鄉土特產，在觀光後到此一遊也不錯喔。

王子飯店OUTLET廣場(Karuizawa Prince Shopping Plaza)旅遊資訊
地址：長野縣北佐久郡輕井澤町輕井澤
電話：0267-42-8100
營業時間：AM：10：00~PM：19：00
網址：http://www.princehotels.co.jp/shopping/karuizawa/

商場內漂亮的人工湖 ◤

▼ 戰利品是知名連鎖咖啡店的日本限定隨行杯。

超夢幻輕井澤美景

超夢幻美景

　　輕井澤一直以來是日本人地觀光勝地，非常有和風的氣息，再這裡我將推薦一些夢幻美景，就是拿著相機拍照都可以當作風景照片裱框的夢幻景緻。

雲場池(Kumobaike)

這裡美的有另外一個別名——「天鵝湖」。初夏的綠色樹林和池水交相輝映，還有天空的藍色，真是筆墨難以形容！秋天時楓葉更是鮮豔地映在雲場池的水面上。

沿著雲場池的周圍有步道可以漫步，約二十~二十五分鐘即可走完，即使是小孩也不會覺得累呢！

旅遊資訊
在輕井澤車站旁有許多巴士可以搭乘，搭上巴士之後4分鐘即可抵達雲場池

千之瀑布(Sengataki)

千之瀑布在千之瀧地區的河水支流處，通過周圍環狀的溪流，有著不可言喻的獨特氣氛。這個瀑布所到的地方，設有以「享受森林與野鳥」為主題的散步道以及水上遊樂區，可以帶小朋友到此一遊。

旅遊資訊
從中輕井澤搭乘Kara巴士，約8分鐘抵達

白絲瀑布(Shiraito-no-taki)

位於舊輕井澤北邊，寬度達七十公尺，高三公尺，黑色的岩石上宛如數百條白色的絲絹的溪水一瀉而下，又稱「輕井澤的祕境」。除了溪流的美麗，春天也可以在附近看到許多山菜，可以讓小朋友體會大自然的野趣。夏天，瀑布旁的涼風非常舒服喔！秋天也有楓紅美景可以欣賞。

旅遊資訊
在輕井澤車站旁有許多巴士可以搭乘，搭上巴士之後4分鐘即可抵達白絲瀑布

聖保羅教堂(St. Paul Church)

在輕井澤地區有許多大大小小的教堂，因此也成為日本年輕人最嚮往的結婚地點，聖保羅教堂隱身在綠林小徑中，是非常具有歐洲風味的木造建築，為知名建築家安東尼雷蒙所設計，許多新人都以能夠在此結婚互許終身為畢生夢想喔！可說是輕井澤的幸福象徵。

旅遊資訊
在輕井澤車站搭草輕交通巴士至舊輕井澤，車程大約10分鐘。

林葉亭 達人家の幸福自由行

和風文化體驗

　　傳統日本文化除了京都，輕井澤也是充滿日本原味的和風文化之都，我在這邊推薦的都是適合小孩子和大人一起觀光的知性之旅，還有一些大自然的體驗喔！

舊三笠飯店(Kyumikasa Hotel)

　　舊三笠飯店是來到輕井澤絕對要拜訪的景點之一，如果來到輕井澤沒有來參觀的話，就等於根本沒來過輕井澤！舊三笠飯店是被日本政府列為「國家重要文化財」的古蹟，於明治三十九年建造，是日本最古老的西洋式木造飯店。在這裡可以看到許多古董的美麗家具和擺設，非常有懷舊風情。

舊三笠飯店資訊
地址：輕井澤町大字輕井澤1339-342
電話：0267-45-8695、0267-42-7072
營業時間：AM09：00~PM17：00
門票：大人400円，小孩200円
交通：從輕井澤車站搭草輕交通巴士至舊三笠飯店，車程大約20分鐘。
網址：http://www1.ocn.ne.jp/~oomi/mikasa.htm

輕井澤繪本之森美術館(Karuizawa Museum of Picture Books)

　　在輕井澤美麗的森林中，沒想到竟然也有這麼可愛的美術館！如果想帶小朋友來場知性之旅的話，這裡就千萬不能錯過喔！繪本之森美術館坐落在森林之間，腹地廣大，就像是一座大公園，不單單只是一間美術館而已。

　　除了美麗的大自然之外，這裡還有很多可愛的繪本可以欣賞，甚至還有一個高達15000平方公分的大型繪本就擺在公園裡，真的好像進了童話世界一般呢！

　　美術館中有很多西洋繪本，其中有很多都是珍貴的收藏品喔！不但可愛價值也是不菲，很值得一看。除了參觀之外，美術館還會定期推出不同的體驗活動，像是在夏季就有在公園中寫生、畫畫，自己製作繪本的活動，或是立體繪本的製作教學喔！另外為了吸引小朋友的注意，還會有說故事的大姊姊，在明亮的中庭裡用可愛的繪本說故事給小朋友聽，真是一個非常具有童趣和想像的地方呢！

輕井澤繪本之森美術館資訊

地址：長野縣北佐久郡輕井澤町風越公園

電話：0267－48－3340

營業時間：

月份	時間
3～6月、10～11月	AM09：30～PM17：00
7～9月	AM09：30～PM17：00
12～1月	AM10：00～PM16：00

門票：大人800円、國高中生500円、小學生400円

交通：從輕井澤車站搭循環觀光巴士至南輕井澤的風越公園站，下車後步行約10分鐘。

網址：http://www.museen.org/ehon/index2.html

玩具博物館(Erzgebirge Toys Museum of Karuizawa)

　　除了繪本之森以外，輕井澤還有一個玩具博物館，這裡的玩具以收藏品為主，裡面有許多關於玩具的發展歷史，還有西洋的傳統玩具，小朋友在這裡除了可以玩到很多以前的小孩玩的玩具之外，還能夠知道不同國家的小朋友都玩什麼玩具喔！

　　這裡沒有電動、也沒有機器人，都以益智玩具為主，充分表達了寓教於樂的觀念，非常難得喔！

玩具博物館資訊

地址：長野縣北佐久郡輕井澤町鹽澤193-3

電話：0267－48－3340

營業時間：

月份	月份
3～6月、10～11月	AM09：30～PM17：00（每週二休館）
7～9月	AM09：30～PM17：30（無休）
12～1月	AM10：00～PM16：00（每週二休館）

門票：大人300円、國高中生400円、小學生300円

交通：搭循環觀光巴士至南輕井澤的風越公園站，下車後步行約10分鐘，玩具博物館就在輕井澤繪本之美術館對面。

網址：http://www.museen.org/erz/index2.html

林葉亭 達人家の幸福自由行

輕井澤森林之家

森林之家是親子遊樂園地，因為輕井澤地區大多是森林環繞，顧名思義森林之家之中就有很多大自然的體驗活動可以參加！

這裡每天都有各式各樣的體驗工房，像是簡單的木工、製作飯糰……等等活動，費用大約在1500日幣~2000日幣不等，四歲以上的小孩就可以參加唷！除此之外還有安排大自然的探索尋寶遊戲，小朋友可以在尋寶探險的過程當中，認識一些大自然中的動植物喔，非常有意義！

輕井澤森林之家資訊
地址：長野縣北佐久郡輕井澤町輕井澤
電話：0267-42-8114
營業時間：AM9：00～PM21：00
活動：

行程	時間	收費
親子森林體驗	半天（三小時）	5000円
	全天（七小時）	10000円
親子木工體驗	90分鐘	2500円（一件成品）
親子夜間森林探險	90分鐘	2000円（4歲～小學生） 3000円（小學生以上）

交通：在輕井澤車站南口搭乘長野新幹線至輕井澤王子飯店EAST，走路10分鐘抵達。
網址：http://www.princehotels.co.jp/karuizawa/nature/index.html

輕井澤食宿推薦

　　輕井澤地區有很多種類的飯店，渡假型、民宿、溫泉旅館……等等，輕井澤也是著名的溫泉區，尤其是冬天當你滑雪划了一整天之後，泡個溫泉消除疲勞，真是一大享受！選擇住宿飯店時，可以先思考喜歡的條件，再來挑選適合自己的飯店喔！

　　關於飲食方面，在國外旅遊時，我覺得自己去發掘好吃的東西是最刺激也最好玩的事情，不光是對大人而言，如果小孩子吃到喜歡的東西，就會覺得這是趟美妙的旅行，所以通常我都會隨機在路上挑喜歡的餐廳。不過建議可以先上網查看一下當地的「人氣餐廳」是哪些？就可以事先避開不好吃的地雷。輕井澤地區因為風格比較西式，所以當地有很多「洋食館」，有些洋食館甚至開在森林當中，非常有氣氛喔！

經濟實惠溫泉飯店 —— 千之滝瀑布溫泉飯店(Karuizawa Sengataki Onsen Hotel)

　　因為我很喜歡泡溫泉，所以這次去輕井澤我當然選擇了一間溫泉旅館，這間千之滝瀑布溫泉飯店是屬於收費比較便宜的溫泉旅館，因此房間陳設非常簡單，也沒有太多的服務，不過對於只是想要休息和泡溫泉的家庭來說，這樣的服務就已經足夠了。

　　千之滝瀑布溫泉飯店的溫泉和早餐都非常棒！雖然我在泡溫泉時竟然發生了浴巾被工作人員收走的糗事，早上要預約巴士離開時，工作人員也出了差錯，但畢竟費用比較便宜，大約四個人一晚房價為9500日圓，所以選擇飯店時可以考慮一下預算，雖然服務稍微差一點，但飯店其他設施都還不錯喔！

　　在飯店中除了溫泉之外，還有紀念品店可以逛逛，我在這裡就買了一瓶當地自產自銷的馬油洗髮精，是飯店獨家販售的喔！因為其中含有膠原蛋白，用了之後真的覺得頭髮好柔好亮呢，讓我這個時尚媽咪也非常推薦！

千之滝瀑布溫泉飯店資訊
地址：長野縣北佐久郡輕井澤町千之滝溫泉
電話：0267-46-1111
營業時間：全日
交通：從東京站乘長野新幹線ASAMA到長野新幹線輕井澤站，轉搭飯店的接駁巴士即可
網址：http://www.princehotels.co.jp/sengataki/

王子飯店（Prince Hotel Karuizawa）

　　如果不想跑太遠住在深山裡的飯店，我非常推薦王子飯店Prince Hotel，就在輕井澤車站旁邊，是輕井澤地區最大的飯店喔！而且旁邊就是王子飯店OUTLET廣場，逛街、吃飯都很便利。

地址：長野縣北佐久郡輕井澤町輕井澤
電話：0267-42-1112
營業時間：全日
交通：從東京站乘長野新幹線ASAMA到長野新幹線輕井澤站就可以看到
網址：http://www.princehotels.co.jp/karuizawa-area/index.html

古色古香奢華 ── 萬平飯店(Mampei Hotel)

　　若要介紹飯店的話，絕對不能錯過這間有一百一十二年歷史的輕井澤老飯店——萬平飯店。這可是日本天皇造訪過的飯店喔！從外觀看來，木造的洋樓非常古色古香，大廳和宴會廳中則有一整片的彩繪手工玻璃，全都是百餘年的古蹟喔！雖然裝潢走懷舊風味，可是卻一點都不會過時，反倒讓造訪的人有一種搭乘時光機回到過去的感覺。建議爸爸媽媽們可以帶小孩子來這裡參觀，感受一下以前人的奢華生活。

　　由於萬平飯店收費實在很貴，一個人一晚大約就要10000日幣~20000日幣不等喔！爸爸媽媽們不一定要住在這裡，但還是可以來這裡喝喝它著名的下午茶，坐在庭院裡感受一下寧靜安詳的歷史情懷。

萬平飯店資訊
地址：長野縣北佐久郡輕井澤町輕井澤
電話：0267-42-1234
營業時間：全日
交通：從輕井澤車站搭乘計程車約4分鐘（2km）。
網址：http://mampei.co.jp/

超好吃蛋包飯－－歐姆雷特蛋包飯專賣店(Omlette)

　　這間蛋包飯專賣店就是我隨機挑中的一間好吃的餐廳，位於Price Shopping Plaza中，因為兩個兒子都非常喜歡吃蛋包飯，所以我們就走進這間餐廳了，這裡

孩子吃得開心，當爸媽的也就滿足了。

有多達三十幾種的蛋包飯可以選擇喔！哥哥吃的鐵板蛋包飯，還有弟弟的咖哩蛋包飯，口味都非常濃郁，而且蛋也很香嫩呢！一大盤，兩個小寶貝竟然都吃個精光一點兒不剩，吃完之後還讚嘆地說：「他們的蛋包飯怎麼這~~~麼好吃！」

歐姆雷特蛋包飯專賣店(Omlette)
資訊
地址：長野縣北佐久郡輕井澤町輕井澤
　　　（Price Shopping Plaza內）
電話：0267-42-8100
營業時間：AM10：00～PM19：00
交通：在王子飯店OUTLET廣場中
網址：http://www.princehos.co.jp/shopping/karuizawa/shop/aj/
　　　aj02.html

網路人氣第一名！en boca

　　這間輕井澤網路人氣第一名的洋食屋，就座落在曲徑通幽的森林之中，來到這裡用餐就好像是參加了一場精靈的宴會一樣。餐點主要以義大利料理為主，當然這裡的pizza和義大利麵就是絕對不能錯過的料理喔！en boca強調自然和健康的概念，料理使用的食材都是自家的農場種植的，完全有機喔！

en boca資訊
地址：地址：長野縣北佐久郡輕井澤町大字長倉南原3874-5
電話：0267-44-3301
營業時間：AM11：30～PM14：30，PM17：30～PM20：00（星期三公休）
交通：從輕井澤車站搭草輕交通巴士到舊輕井澤，車程大約10分鐘，該餐廳距離聖保羅教堂很近。
網址：http://www.enboca.jp/

網路人氣第二名！菊水

菊水是非常傳統的西洋料理餐廳，位在輕井澤幽靜的小巷子內，從外觀看起來，就像是一般的家庭餐廳，但是製作出來的西餐卻非常的正統而且好吃喔！

菊水資訊

地址：長野縣北佐久郡輕井澤町大字輕井澤舊輕井澤584

電話：0267-42-2626

營業時間：AM12：00～PM14：00，PM17：30～PM19：30

交通：從輕井澤車站搭草輕交通巴士到舊輕井澤，車程大約10分鐘，該餐廳距離聖保羅教堂很近。

網址：http://karuizawagurumetankentai.web.fc2.com/youshop/kikusui/kikusui.htm

時尚媽咪小推薦——日本美食部落格

我特別推薦這個美食部落格http://tabelog.com，這是由日本當地人品嚐到好吃的餐廳，寫下推薦的部落格，每個地區都有喔！對觀光客來說也是很好的參考資料，可以品嚐到當地人覺得最好吃的口味。

輕井澤一日遊建議

名稱	行程
高原之旅 （特別具有異國情調喔）	雲場池→三笠→有島武郎→舊輕井澤→聖保羅教堂→芭蕉句碑→SHAW碑→二手橋→室生犀星文學碑→正宗白鳥碑→舊輕銀座觀光協會 所需時間：約2～3小時 ＊注意！如果要在舊輕井澤站附近停車的話，由於道路狹小，盡量不要妨礙交通，多加利用停車場等設施喔！
家庭之旅 （以比較悠閒與知性的方式帶大家認識這裡）	輕井澤站→雲場池→泉之里→離山→圖書館→史民族資料館 所需時間：約2～3小時

大自然賞鳥之旅 （可讓孩子充分體驗大自然風光）	植物園→鹽澤湖→長倉公園→中輕井澤站→北原白秋文學碑→野鳥森林→田崎美術館→鳥井原 所需時間：約2～3小時
淺間山之旅 （結合鄉村和自然美景）	南輕井澤→馬取腳踏車→用道路→植物園→綜合運動場→鹽澤湖所需時間：約1～2小時
懷舊之旅 （探訪和風文化的好去處）	淺間神社→芭蕉句碑→里塚→追分宿→泉洞寺→稻垣鶴句碑→石傳→楔形茶屋→追分→信濃追分站 所需時間：約1～2小時

時尚媽咪小推薦

除了先前提供的網站之外

輕井澤旅遊網址：http://www.town.karuizawa.nagano.jp/

這個網址裡面有包含許多輕井澤的相關資料，如果讀者對於輕井澤的旅遊想要獲得更多的資訊，可以上這個網站查詢喔！網站除了日文之外，還設有英文和中文。

PART 4

悠遊美景富士山

帶孩子來個兩三的短期旅程，盡情接受大自然洗禮吧

來到日本遊玩，除了東京之外，你還想到什麼呢？——沒錯！就是富士山！來到日本怎麼可以錯過這個日本第一高山呢！大家都只知道富士山在東京近郊，其實富士山正確的地理位置是處於山梨縣東南部與靜岡縣交界處喔！

富士山周圍有富士五湖：河口湖、山中湖、西湖、本栖湖、精進湖，都是非常著名的觀光勝地，想要登山的話，可以從富士宮口、須走口、河口湖口和御殿場口幾個登山入口進入。但是帶著小孩，登山是高難度且危險的活動，所以在富士山周圍觀賞自然景觀，就能充分領略它的美麗了。

山梨縣

● 河口湖

● 富士山

　　山下的靜岡縣也是一個旅遊觀光的熱門景點，除了著名的富士山之外，還有有名的伊豆溫泉。靜岡縣是以觀光和農業為主，這裡的茶也非常好喝喔！

　　從東京到靜岡搭乘新幹線大約只需一個小時，靜岡縣內也很適合安排一個三天兩夜的小旅行，由於靜岡縣多山區，觀光景點距離較遠，大眾交通工具也比較不發達，所以如果沒有參加當地的觀光行程的話，我建議租車還是比較方便喔！

時尚媽咪小叮嚀

我們全家去靜岡時便選擇了租車，記得那是我們第一次在日本租車，日本人非常熱心地解釋衛星導航的用法，但是我們卻很怕被看出來是第一次租車，對方會不敢租車給我們，所以一直很緊張地想要先離開租車點，再來好好熟悉車況。爸爸開車的時候也非常緊張，還因為雨刷和方向燈的位置都與台灣相反，雨停了還不知道如何停下雨刷呢，所以一定要先花點時間熟悉。

此外，日本的導航做得非常的完整實用，只要輸入要去的地點資訊，如果不會輸入日文的話，甚至還可以輸入目的地的電話號碼，就可以全日本走透透囉！方便到有時我都覺得日本像是我第二個家呢！

富士山交通建議

1. **新幹線(Shinkansen)**：新幹線有快慢之分，光速號（Hikari）只停靠特定的車站，回聲號（Kodama）則停靠所有的車站。從東京到靜岡坐光速號只要大約半小時就可以到了，如果是回聲號的話則需要一個半小時。當然門票上會有不同，爸爸媽媽可以多加考慮一下！

2. **東名高速公路(Tomei Expressway)**：如果從市區就租車的話，就可以走高速公路到達靜岡。靜岡縣內有十六個東名高速公路的出入口。走東名高速公路到靜岡，大約兩個小時即可到達。

3. **仿古式觀光巴士(Retrobus)**：仿古式觀光巴士的外觀非常懷舊，是山黎縣河口湖周邊的觀光巴士，可以河口湖車站購買兩日遊的票券，就能夠無限次上下車，班次很多，可以周遊河口湖，或是西面湖沿岸的景點。票券的價格也會不定時促銷喔！

林葉亭 達人家の幸福自由行

1. 富士山（Fujisan）下必遊景點

風景優美的河口湖（Kawaguchiko）

　　河口湖位於富士山腳下，跟我們一般對「湖」的想像不同，那是一個非常廣大的湖泊，甚至還有陣陣「湖浪」呢！一般來到河口湖，就一定要繞湖一周看看湖邊美麗的景致。這裡的四季風景都各有特色，春天賞櫻、夏天則有美麗的薰衣草，秋天楓紅，冬天就可以看到雪景了。如果天氣很好，時間允許的話，不妨帶小朋友在湖邊的步道散散步吧！河口湖周邊規劃了沿著湖邊或是可以漫步在森林中的步道喔！

　　還有一個你絕對不能錯過的，那就是河口湖的遊湖船，這是所有觀光團體來到富士山腳下時，絕對會坐的觀光船呢！外觀非常像古時候的海盜船，而且非常高，小朋友一定會很開心。繞湖一周大約半小時左右，從湖上看富士山的景色，跟岸上也特別不同呢！

河口湖旅遊資訊
河口湖遊覽船(Kawaguchiko Yuransen)
搭乘南歐風格的太陽號環繞河口湖一周，可以觀賞到變化多端的湖岸與富士山，是到河口湖觀光不可錯過的行程，遊覽船每隔45分鐘發船，好好享受舒適的船上時光吧！
乘船處：
電話：0555-72-0029（富士五湖汽船）
費用：大人900円，小孩450円
營業時間：AM9：00～PM16：30 （夏季至PM17：00，冬季為AM9：45～PM15：45）
休息日：全年無休
交通：搭乘富士急行線至河口湖車站下車，徒步10分鐘
網址：http://www.fujikyu.co.jp/fuji5/index.html

時尚媽咪小撇步
記得善用網路喔！
富士河口湖綜合觀光情報網址：http://www.fujisan.ne.jp/

御殿場(Gotemba)

　　這是靜岡縣非常有名的大型Outlet商場，以「森林中的街道」為概念，周遭可以看見富士山的自然風光，光是這樣的美景就讓人心情舒暢。御殿場走的是美式風格，有超過210個國內外的品牌與餐廳齊聚一堂，而且男性、女性、大人、小孩的東西都有，規模可是關東最大的喔！

　　不過像這種大型Outlet商場腹地廣大，如果想要買東西的話，帶著小朋友逛街很不方便，建議可以先上他們的網址看看有哪些品牌，然後用商場地圖規劃好路線，才不會像個無頭蒼蠅一樣亂衝亂撞。

　　由於御殿場地處偏僻，在靜岡車站有接駁車可以搭乘。如果是專程來這裡Shopping的話，建議可以利用每逢假日在東京車站和新宿車站專門的Outlet交通車，由東京車站出發的來回票2800日幣，單程1600日幣，孩童半價；由新宿車站出發的來回票2800日幣，孩童票2000日幣。在車上還會贈送商場的折價券喔！另外如果要搭乘接駁車，東京車站的接駁車，由東京車站---八重洲南口上車，新宿車站的接駁車，由新宿車站---西口上車，要注意認明往御殿場的字樣喔！

　　另外在商場之中，還有特別為帶小孩的爸爸媽媽設計的兒童照顧服務中心(Kid's Care)，為了使孩子們也能度過愉快時光，除了有專人為你看顧小孩之外，還會隨季節定期推出一些活動跟孩子一起玩，讓他們也不會覺得無聊，像是介紹美國本土的活潑慶典、自然體驗及郊遊……等等，家長可以放心的逛街購物喔！

御殿場旅遊資訊
地址：靜岡縣御殿場市深澤1312
電話：0550-81-3122
營業時間：AM：10：00～PM：21：00（依季節會有更動）
交通：開車：由靜岡IC上東名高速道路到御殿場IC，再搭免費接駁專車即可抵達。
　　　電車：由靜岡搭東海道本線到沼津，再轉搭御殿場線到御殿場。
　　　巴士：靜岡車站北口（10號站牌）搭JR東海巴士到東名御殿場，三島車站南口（2號站牌）搭富士急行巴士到御殿場。
網址：http://www.premiumoutlets.co.jp/

網購, 超夯

　　其實, 出國的經驗多了, 現在我比較不會在海外購物然後大包小包帶回家, 除非是要帶紀念品回來, 當然選擇紀念品還是必須考量到大小的問題, 以免行李過重, 我建議大家可以選擇輕巧又有紀念意義的商品即可。

　　還有, 由於出國購物的時間通常不多, 所以我現在都直接上網購買喜歡的物品, 現在日本的購物網站的東西都很豐富, 除了一點運費, 價錢有時候還比較便宜, 我建議大家多多利用, 如此全家大小一起出遊, 就可以玩得盡興開心囉! 因為購物網站是媽咪們最好的選擇, 在出國前網購好, 再指定時間與住宿的飯店, 就會準時送達喔! 建議將購買的物品送往最後一家住宿的飯店, 這樣在旅遊途中, 就不用帶著大包小包的物品到處跑啦!

　　以下是我經常使用的網站, 推薦給大家囉!

網站:

網站	介紹
http://zozo.jp/	ZOZO網站上面有販售日本雜誌刊登的各項商品, 網頁的設計讓你真的有逛街的感覺喔!
http://zozo.jp/town/	這家網站和上面的網站是同家公司, 但是這家不單只有單品販售, 還有架設虛擬商店, 讓你不出門也可以各家商店走透透喔!
http://shopping.yahoo.co.jp/	我最愛的還是日本yahoo購物網, 東西應有盡有。
http://www.rakuten.co.jp/	樂天網站可以使用漢字搜尋, 也可以和線上買家一起合購物品喔! 在台灣有合購經驗的買家們, 也可以在異國有全新體驗～
http://www.yodobashi.com/enjoy/more/index/index.html	若想要買便宜電器, 這個網站是最佳選擇, 根本不用大包小包帶行李了。

2. 富士山 (Fujisan) 知名人氣點

超好玩富士急樂園 (Fujikyu Highland)

富士急樂園是山梨縣河口湖地區最受歡迎的遊樂園，這個樂園適合的年齡層非常廣泛，從一歲到二十歲都有適合他們的遊樂器材，所以年輕人喜歡來這裡，也是大人小孩都不能錯過的遊玩地點。

我帶兩個兒子去玩的時候，因為弟弟安安的身高在110公分以下，所以有一些比較刺激的設施不能玩，像是樂園中很有名的「世紀最恐怖」超大型雲霄飛車只限大人乘坐，我看應該有十層樓高吧，看了都怕。而且在玩「鬼屋」的時候，因為裡面的鬼怪實在太恐怖，兩個兒子都快被嚇哭了。

不過沒關係，在富士急樂園中還有最受小小孩喜愛的「湯瑪士樂園」、「麗香娃娃小鎮」以及「哈姆太郎王國」等三個主題樂園，是專門為110公分以下的小朋友所設計的喔！裡面有小型的雲霄飛車、碰碰車、海盜船……等等，都可以讓家長陪同更小的

林葉亭 達人家の幸福自由行

孩子一起乘坐。

　　安安還因為坐小型雲霄飛車太開心了，一口氣玩了三次呢！另外還有兒童坐的海盜船，兩個兒子吵著要坐，可是爸爸不喜歡坐海盜船，我心裡想說，這個這麼小有什麼好怕的？結果沒想到——哇，好恐怖啊！真刺激，沒想到下來之後兒子還說要再坐一次，害我聽了可是連忙求饒~~

　　在園區之中，還有一個不管在任何角落都可以看見的大型摩天輪，這可是富士急樂園的地標喔！當摩天輪升到最高的時候，就可以俯瞰河口湖地區的風景，還跟富士山遙遙相望，風景非常美麗呢。

　　樂園在冬天還附設一個小型冰刀場，營業時間在每年的十二月到三月左右，不過入場的話需額外付約500日幣~1000日幣的費用，如果你在這趟旅程中沒有安排其他

剛從鬼屋出來
安安被嚇壞
了。

　　滑雪或溜冰刀的行程，還是可以帶小朋友來體驗一下喔！

　　此外，二〇〇六年十一月緊鄰樂園旁新開了一家純和風天然溫泉設施「富士山溫泉」（Fujiyama Onsen），只要出示富士急樂園的入場券就可以享有優惠，遊玩結束後還可以到這裡消除疲勞喔！

125

好玩的兒童遊樂設施

湯瑪士樂園隆隆火車大冒險！（Thomas Land Katagoto Daibouken!）

　　乘坐在軌道上奔馳的「頑皮貨車」，巡視湯瑪士與朋友們活躍的著名場景的有趣遊樂設施。

適合年齡：幼稚園兒童（4～6歲）
限制：小學生以下需由大人陪同搭乘。

瘋狂老鼠（Mad Mouse）

　　老鼠角色相當可愛的兩人座迷你雲霄飛車，不像大型雲霄飛車一樣有急速上昇跟急速下降，所以可以安心搭乘。安安剛好可以玩，因為很刺激所以還玩了兩次呢！

適合年齡：小學低年級（7～9歲）
限制：身高110公分以上

「有何不可」（Eejanaika）雲霄飛車

金氏世界記錄認定總旋轉數世界第一的雲霄飛車。

適合年齡：10歲以上、55歲以下
限制：身高130公分~200公分。

摩天輪（Shining Flower）

32個車廂中有四個是連座椅，腳底全都是透明的「透明顫慄小車箱」，與雲霄飛車不同的顫慄感令人直冒冷汗。

適合年齡：：小學生以下
限制：需由大人陪同搭乘

鬼太郎妖怪屋（Ge-Ge-Ge-no-Kitaro Haunted House）

由水木茂先生親自監督建造的妖怪屋，眼珠老爹、鼠男等耳熟能詳的角色當然也會登場囉。

適合年齡：幼稚園兒童（4~6歲）
限制：幼兒需由大人陪同。

安安很怕鬼太郎，進去之後嚇的都哭了。 ▶

富士山博物館（Fujiyama Museum）

收藏富士山相關畫作的「富士山博物館」，除了展示眾多畫家們的作品外，也會舉辦可全家一起輕鬆參加的繪畫活動。

哈姆太郎王國（Hamu-hamu Doki-doki! Kingdom）

可以跟「哈姆太郎」一起玩的家庭區，「哈姆太郎海盜船」也讓孩子們開心無比。

適合年齡：60歲以下
限制：身高110公分以上

太空城（Moon Raker）

彷彿身處拉斯維加斯輪盤內的遊樂設施，83度的傾斜角度幾乎是垂直的世界，下來後甚至會感覺腳步虛浮。

適合年齡：小學低年級（7~9歲）
限制：身高110公分以上

富士急樂園旅遊資訊

門票：

種類	18歲以上	12～17歲	3～12歲
入場券（不能使用設施）	1,200円		600円
遊園票	4,800円	4,300円	3,500円
星光票	2,700円	2,500円	2,200円
兩日通用票	7,900円	7,100円	5,800円

地址：山梨縣富士吉田市新西原5-6-1
電話：0555-23-2111
營業時間：AM09：00～PM20：00（假日07：00開始營業）
交通：開車：中央自動車道河口湖交流道旁，下東名高速道路御殿場交流道後接國道138號，經東富士五湖道路約30分鐘。
　　　　搭車：從JR中央本線大月站轉搭富士急行線約50分鐘，在富士急高原樂園站下車。
網址：http://www.fujiq.jp/

時尚媽咪
小叮嚀

時尚媽咪小撇步
開車旅遊時大家一定會遇到停車問題，我介紹的這些景點大部分都有
50個-500個不等的停車位，在河口湖這附近停車大多免費先到先停，而
且只要避開假日停車一點都不成問題喔，若真的找不到可以善用本書
後面所提供的日文單字卡「停車場」喔！

便宜又大碗的好去處

1. 超可愛富士山自然遊樂園（Grinpa）

　　這是適合年齡較小的孩子遊玩的兒童樂園，裡面的遊樂設施像是旋轉木馬、飛椅……小孩子都可以玩喔！這個樂園裡還有可愛的卡通人物——鹹蛋超人的主題樂園，非常可愛！在全區之中有一個色彩繽紛的摩天輪，可以俯瞰伊豆半島的風景。在冬天的時候也有滑雪和溜冰刀的活動，如果小孩年紀較小的話，這裡也很值得一遊喔！

富士山自然遊樂園

門票：

種類	門票
入場券（不能使用設施）	950円
遊園票	2,950円

地址：靜岡縣裾野市宇藤原2427
電話：055-998-1111
營業時間：AM09：00～PM18：00（依季節有所變動）
交通：在JR御殿場、三島、富士各車站，搭乘巴士前往。
網址：http://www.grinpa.com/（有優惠折價券喔！）

2. 河口湖自然遊樂營地

　　這是河口湖畔的露營地，有烤肉區可以自行野炊，還有很多小孩子的遊樂設施，除了碰碰車等親子同樂的玩具之外，更可貴的是它有許多自然活動體驗，可以讓小朋友做手工藝品、親手製作麵包……等等活動，費用大約200日幣~500日幣左右，非常便宜，是日本小學生校外教學的首選！年紀大一點的孩子則有漆彈射擊和越野腳踏車的活動，非常健康、有益身心。

河口湖自然遊樂營地旅遊資訊

門票：

種類	大人（18歲以上）	小孩
入場券（不能使用設施）	1,400円	800円

遊園票	3,400円	2,800円

地址：神奈川縣相模原市相模湖町若柳1634番地
預約營地專線：042-685-1111

營業時間：

月份	時間
3～10月	AM9：00～PM16：30（假日～PM17：00）
12～2月	AM9：30～PM16：00

交通：搭乘JR中央線至相模湖站下車，轉搭巴士約8分鐘抵達
網址：http://www.picnicland.co.jp/（有優惠折價券喔！）

3. 與動物近距離接觸——富士野生動物園（Fuji Safari Park）

富士野生動物園是我強烈推薦爸爸媽媽一定要帶小孩去的地方！一般旅行社比較不會安排這樣的景點，但它可讓我的兩個小寶貝玩得開心極了！

早在規劃行程決定要去野生動物園的時候，我就先讓兩個兒子上網查詢資料，看看有動物園中哪些動物，牠們有什麼特點等等，先做好功課，所以他們兩個一直迫不及待地想要去看看這些動物們的廬山真面目。

動物園中分為可愛動物區和野生動物園區。可愛動物區有溫和的草食性動物，像是兔子、迷你馬……等等，不但可以近距離看見動物，只要花50日幣就可以用牧草餵食動物喔！在這裡還有很可愛、還在吃奶的小老虎可以看，還可以抱著牠照相呢！

要進入野生動物園區的話，可以開自己的車，也可以搭乘動物園的遊園車，一個人大約1200日幣

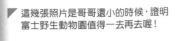

▶ 這幾張照片是哥哥還小的時候，證明富士野生動物園值得一去再去喔！

左右，不但有工作人員導覽，車上還準備了各式各樣的食物可以餵獅子和長頸鹿，不過遊園車是屬於開放式的，只有用柵欄隔開動物與人，裡面沒有暖氣，如果冬天乘坐會很冷喔！所以我建議還是夏天再乘坐遊園車會比較適合。

兩個兒子終於看見活生生的老虎、大象、獅子……，非常有自信地告訴我們這些動物叫什麼名字啊、吃些什

▶ 我們租的小車跟動物園的遊園車相遇。

麼東西，之前查詢的資料很自然地記到他們的腦海裡了，真的是寓教於樂的好方法！野生動物園區就像是進入了電影侏儸紀公園的場景，從老虎區到長頸鹿區，每一個區域管理的都非常嚴格，所以要提醒大家絕對不可以下車走動或拍照，即使是沒有攻擊性的動物也不可以唷！請給動物們一個不受打擾的空間吧！

整趟野生動物園的路線走完大約需要五十分鐘，看個過癮之後，還可以在「麵包

林葉亭 達人家の幸福自由行

▶ 兩個寶貝親自做麵包喔！

「體驗工房」自己做可愛的動物麵包呢！麵包超好吃的，烤出爐後我很後悔只讓兩個寶貝各做一個麵包呢！早知道就多做幾個。

　　在等待烘焙的期間，可以去超級可愛的「貓之家」、「狗之家」遊玩，裡面有各種種類的貓咪和狗狗，非常可愛而且乖巧，不過「貓、狗之家」需要另外付費，而且下午五點就會關門讓貓貓狗狗休息了，要去的話要注意時間喔！

富士野生動物園旅遊資訊

門票：

高中以上	2,700円
4歲～高中生	1,500円
優待票（65歲以上）	2,000円
貓之家、狗之家（3歲以上）	500円

地址：靜岡縣裾野市須山字藤原2255-27
電話：055-998-1313
營業時間：AM08：00～PM17：00（4月中～10月下旬、暑假到PM 7：30）
交通：JR中央線至相模湖車站下車，轉搭巴士約8分鐘。
網址：http://www.fujisafari.co.jp/

4. 下田海中水族館（Shimoda Floating Aquarium）

　　這個水族館位在伊豆的海灣處，不同於一般的參觀型水族館，這裡更重視的是保育方面的知識喔！像是他們如何保護海豚，以及飼育他們的方法，在這裡都可以看到工作人員實際操作。另外還有許多可愛的海洋生物，像是大海龜、小海獅……等等，當然可愛的海豚表演也少不了囉！

下田海中水族館旅遊資訊

門票：

大人	1,900円
小孩	1000円

地址：靜岡縣下田市3-22-31
電話：0558-22-3567

營業時間：

月份	時間
2月～10月	AM9：00～PM16：30（假日～PM17：00）
11月～1月	AM9：00～PM16：00

交通：在伊豆急行下田車站搭乘定期巴士約7分鐘到達、搭乘計程車約5分鐘到達、徒步約25分鐘到達。
網址：http://www.shimoda-aquarium.com/index.html

5. 河口湖音樂盒森林(UKAI Kawaguchiko Music Forest)

　　這裡絕對是會令人想花上半天慢慢賞玩的地方，仿造西方王公貴族的城堡與瑞士街景風格的「音樂盒森林」，可以在各色花朵環繞的華麗城堡中聆聽音樂盒的美麗音色。在入口大廳有世界最大規模的管風琴，博物館內則有珍貴的音樂盒及機械人偶隨時為你演奏。另外還有自動演奏樂器與弦樂四重奏所演出的華麗音樂會，也相當有趣。

　　此外，這裡可以購買到以音樂為設計構想的擺設品及飾品，是非常有紀念和收藏價值的喔！

河口湖音樂盒森林旅遊資訊
地址：山梨縣南都留郡河口湖町河口3077-20
電話：0555-20-4111
門票：大人1300円，大學、高中生1100円，中小學生800円
營業時間：AM9：00～PM17：30（全年無休）
交通：巴士：新宿西口搭乘中央高速巴士富士五湖線，約100分鐘到達河口湖車站，從河口湖車站搭計程車約16分鐘到達，
搭環湖觀光列車約26分鐘到達。
電車：在新宿車站搭JR中央本線，至大月車站轉乘富士急行線到河口湖車站。
網址：http://www.ukai.co.jp/musicforest/

6. 河口湖原野中心(Kawaguchiko Field Center)

在富士山麓可以看到世界少見的珍貴溶岩樹型，這是一千年前，富士火山噴發時所流出的溶岩，吞沒了樹木並且凝固，因樹木燃燒殆盡而留下的空洞，是非常特殊的景觀。

其中最推薦的是「胎內神社」，在長達70公尺的洞窟內隱約帶著神秘的氣氛，天井很低，狹窄的程度使大人必須縮著身體才能通過，反而對小孩子來說剛剛好。另外還有散步小徑，可以更親近地感受大自然，也可以預約自然解說員的導覽解說。

小朋友也可以像體驗親手製作鳥笛這類使用自然素材所作成的小東西喔！

河口湖原野中心旅遊資訊
地址：山梨縣南都留郡富士河口湖町船津6662-1
電話：0555-72-4331
胎內神社的參觀費：大人200円，中小學生100円
自然導覽：4000円起（1小時）
營業時間：AM9：00～PM17：00（入館開放至PM16：30為止，週一公休，7、8、9月則不休息）
交通：需在河口湖車站租車或是搭乘計程車前往
網址：http://www.fujisan.ne.jp/search/info.php?ca_id=2&if_id=219

7. 河口湖天上山公園纜車(Kawaguchiko Tennjouyama Kouen Kachi-kachi-yama Ropeway)

坐纜車從河口湖站出發，約3分鐘左右便可抵達天上山富士見台站。從標高1104公尺的瞭望台看出去，正面就是雄偉的富士山，從纜車車廂往下看則可遙望河口湖全景，一起到絕佳的地點充分享受美景吧！

河口湖天上山公園纜車旅遊資訊
地址：山梨縣南都留郡富士河口湖町淺川

電話：0555-72-0363
費用：來回票大人700円，小孩350円；單程票大人400円，小孩200円
營業時間：AM9：00～PM17：00（依季節不同，需確認；全年無休）
交通：搭乘富士急行巴士在河口湖車站下車，轉搭河口湖遊湖觀光巴士約11分鐘抵達；或遊 船纜車入口下車、從湖畔車
站搭纜車3分鐘，富士見台車站下車，徒步可抵達。
網址：http://www10.ocn.ne.jp/~oshino/top/005kankou/037ropuway/ropuway.htm

8. 河口湖猿劇場(Kawaguchiko Monkey Performance Theater)

以無趣阿松為首的人氣猴子們所演出的搞笑秀，在電視上也很有名喔！演出之後
也可以跟猴子們拍照留念。商店裡也有販賣各式各樣的猴子商品及有名的霜淇淋。

河口湖猿劇場旅遊資訊

地址：山梨縣南都留郡富士河口湖町河口2719－8
電話：0555-76-8855
門票：

大人（大學生以上）	1500円
國高中生	1000円
小孩（3～12歲）	750円

營業時間：AM10：00～PM16：00（不定時休息）
交通：在河口湖車站搭乘遊湖觀光巴士（往河口湖自然生活館），在河口湖猿劇場前下車，約22分鐘抵達。
網址：http://www.fuji-osaru.com/（內有入場折價券喔！）

9. 河口湖香草館(Kawaguchiko Herb-kan)

這裡有許多體驗活動，像是「香草文化工作室」中可以製作花圈或書籤，費用大
約350日幣左右，所需時間為30分鐘。7月~10月則可以享受夏季草莓「林投果」的採果
樂喔~！

河口湖香草館旅遊資訊
地址：山梨縣南都留郡河口湖町船津6713-18
電話：0555-72-3082
費用：免費
營業時間：AM9：00～PM18：00（全年無休）
停車場：可停放200台車（請利用大池公園免費停車場）

交通：開車從河口湖I.C前往，約7分鐘抵達。
　　　開車從河口湖車站前往6分鐘抵達。
　　　河口湖車站有直達的觀光巴士，約6分鐘抵達。
網址：http：//www.fuji-net.co.jp/SOGO/herb.html

10. 露天溫泉——開運之湯(Notenburo Kaiun-no-Yu)

　　位於「河口湖ROYAL皇家飯店」內的日間泡湯溫泉，可以在花崗石的室內溫泉、草亭式的庭園溫泉，以及日光照射其中的露天溫泉裡悠閒地放鬆身心吧！

開運之湯旅遊資訊
地址：山梨縣南都留郡富士河口湖町船津6713-22
電話：0555-73-2655
費用：1000円（2小時）入浴、休息附餐食為5250円起
營業時間：AM11：00～凌晨1：00
交通：JR中央線大月站至富士急河口湖站下車，徒步約5分鐘抵達
網址：http://www.eeoyu.com/shisetu/yamanashi/kaiunnoyu/kaiunn.htm

11. 富士狗狗樂園(Fuji Subaru Land Doggy Park)

　　在這裡可以跟70種左右、多達230隻狗狗一起玩喔，喜歡小狗的孩子一定會非常開心。在活動廣場會舉辦狗狗秀，可以去觀賞喔！遊客可以跟愛犬一起入園，如果沒有帶狗，也能租借喜歡的狗狗在樂園裡散步。這裡還有野外烤肉場及蒸氣火車森林鐵路等，來一趟絕對會感覺樂趣無窮！

富士狗狗樂園旅遊資訊

地址：山梨縣南都留郡富士河口湖町船津字劍丸尾6663-1
電話：0555-72-2239
門票：

月份	大人	小孩
4月～11月	1700円	900円
12月～3月	1200円	600円
帶狗狗入園	500円（每隻）	

營業時間：

月份	時間
4月～11月	AM9：30～PM17：30
12月～3月	AM10：00～PM17：00

交通：JR中央線大月站至富士急河口湖站下車，轉搭免費接駁巴士
網址：http://www.doggypark.jp/

12. 富士松樹公園(Fuji Pines Park)

園區內大部分都是樹齡達四百年以上的赤松，從樹梢間欣賞富士山的景色更是別有一番風味，全長1500公尺的步道，可以一邊散步一邊觀察小鳥、昆蟲及植物等。

富士松樹公園旅遊資訊
地址：山梨縣富士吉田市上吉田5329-2
電話：0555-24-0292
費用：免費
營業時間：AM8：00~PM17：00
休息日：12月28日~隔年1月3日
交通：開車上中央自動車道，至富士吉山I‧C出口
網址：http://www.g-soft.jp/odekake/PainsPark.html

時尚媽咪
小叮嚀

時尚媽咪小建議
看了這麼多景點，眼花撩亂了吧！若是想要安排兩天一夜親子旅遊，我建議這樣玩喔！
第一日 富士大自然之旅
富士河口湖音樂盒森林→河口湖天上山公園纜車→河口湖原野中心→（住宿）高原渡假飯店
第二日 富士山動態極樂之旅
富士野生動物園→河口湖香草館

富士山地區食宿推薦

在富士山地區，飯店的選擇非常重要，最好挑從房間就可以遠眺富士山有view的飯店，才能欣賞富士山多變的樣貌，因此我覺得河口湖畔的溫泉旅館是很好的選擇！

另外一個需要考慮的重點是飯店的便利性。因為富士山地區點和點之間的距離較遠，飯店如果位在中心點的位置，無論去哪裡都很方便，飯店本身有專車接送那就更好了，不過這種服務通常要事先預約喔！

帶小孩出國時，要多注意一下各種優惠或免費規定，像我們在靜岡居住的飯店，弟弟是不佔床的，所以免費，但

我跟邱爸爸兩個人到飯店餐廳用早餐，好悠閒喔！ ◥

是沒有附早餐，所以前一天我就讓小孩到便利商店去買好第二天要吃的早餐，而我跟爸爸就去餐廳吃早餐，共享兩人時光。孩子們待在房間內其實很安全，我還跟他們約法三章，要敲三聲門才可以開。吃飽回房時，還為了考驗他們有沒有聽話，只敲了一聲門，沒想到他們就開門了，我問他們，才知道原來他們早就看到我們回來了，可不是隨便開門喔！不過當然不懂事的孩子還是別用這種方法。

此外，在河口湖旅行時，我們全家人隨機挑中了一間燒肉店，真是便宜又好吃！就連爸爸喝的啤酒都很便宜喔！這裡有非常多家庭料理店，除了燒肉之外也有很多日本人常吃的美食，建議大家可以多多的探索！

▼ 超好吃的燒肉店！

河口湖鄉村小木屋(Kawaguchiko Country Cottage)

風景優美，可以眺望富士山與河口湖，有各式各樣的小木屋，木屋中附設廚房，可以自己烹調食物，各棟還設有專用的烤肉屋，園區內有風景優美的男女分別露天溫泉。

河口湖鄉村小木屋旅遊資訊
地址：富士河口湖町河口2092
電話：0555-76-6234
費用：1棟4人21000円起
停車場：可停放70台車
交通：在河口湖車站有小木屋的免費接駁專車，要先預約。
網址：http://www.c-ban.com/

河口湖山麓公寓飯店(Kawaguchiko Condominium Hotel Sanroku)

有最多可入住六人的日西混合式房間，房間裡有廚房及餐具可以自己開伙，特別推薦家庭住宿的公寓飯店。

河口湖山麓公寓飯店旅遊資訊
地址：：富士河口湖町河口2264
電話：0555-76-7890
費用：日西混合式房間25200円起
停車場：可停放10台車
交通：從河口湖車站搭大石域的富士急巴士，在廣　下車，步行2分鐘抵達，或搭計程車到山麓約10分鐘抵達。
網址：http://www.aco.co.jp/sanroku/

高原渡假飯店(Highland Resort Hotel)

緊鄰富士急高原樂園的飯店，裡面有可愛哈姆太郎的房間超受小朋友歡迎！

高原渡假飯店旅遊資訊
地址：富士吉田市新西原5-6-1
電話：0555-22-1000
費用：哈姆太郎房3人房間46000円～70000円
停車場：可停放180台車
交通：JR中央本線在大月車站轉乘富士急行線，在富士吉田車站下車，搭計程車5分鐘，或搭免費接駁專車。
網址：http://www.highlandresort.co.jp/

不動烏龍麵餐廳(Fudou Udon Restaurant)（人氣第一名！）

「不動」？乍聽之下不知道這是什麼東西，仔細一看——原來是烏龍麵啊！這是一間很好吃的烏龍麵專賣店喔！光是在河口湖地區就有三間分店呢！簡直是走到哪裡都可以看見啊！裡面有各種口味的鍋燒烏龍麵，一時之間還真不知道怎麼挑選呢！一碗大約1000日幣~2000日幣左右。

不動烏龍麵餐廳旅遊資訊
地址：山梨縣南都留郡富士河口湖町河707
預約專線：0555-76-7011
營業時間：AM09：00～PM17：00
交通：搭乘富士及行線至河口湖站下車，徒步約5分鐘
網址：http://www.houtou-fudou.jp/

角落牛排屋(Corner House)

　　想在河口湖吃牛排就到這裡吧！這間店可是連當地人都讚不絕口的牛排屋,在家庭式的服務下慢慢享受用餐的樂趣,盡情品嘗從瑞典學成歸國的主廚所精心製作的道地料理。最受歡迎的餐點是「田園風牛肉燉牛舌」,套餐只要2100日幣喔!

角落牛排屋(Corner House)旅遊資訊
地址:富士河口湖町船津298-1
電話:0555-73-1177
營業時間:AM11:30～PM14:30,AM17:00～PM21:00(每週四公休)
交通:搭乘富士急行線至河口湖站下車徒步15分鐘。
網址:http://g.pia.co.jp/shop/57532

香草花園四季之香(Herb Garden Shiki-no-Kaori)

　　這家是河口湖香草料理的創始店,老闆兼主廚以製作的健康香草料理為招牌,在餐廳中充分使用自家栽種的無農藥蔬菜與香草所做的料理,由於不使用化學調味料,即使給小孩吃也很安心。餐廳中也附設了商店及溫室,販賣自製的芝麻醋醬等等。

香草花園四季之香旅遊資訊
地址:富士河口湖町船津1200-1
電話:0555-73-3338
營業時間:AM11:30～PM14:30,AM17:30～PM21:00(9月～6月營業至PM20:30)
休息日:每週三(7、8月不休息)
交通:搭乘富士急行線河口湖站下車。徒步約10分鐘。
網址:http://www.mfi.or.jp/shiki/doc/map.html

PART 5
和風與雪的國度－秋田
傳統而淳樸的秋田，
讓你跟孩子體會濃濃的日本文化

PART5──和風與雪的國度──秋田

除了關東地區著名的東京、輕井澤、富士地區之外，稍微再往北走一點的日本東北區還有一個非常獨特、美麗的地方，那就是——秋田。這裡可以感受到非常舒適的鄉下日本風景，而且還保有很多日本傳統的淳樸，是我特別推薦給大家另一個不一樣的親子旅遊首選喔！

台灣可經由名古屋轉機來到秋田，我們從台灣搭乘Hello Kitty專機到名古屋轉機，搭全日空至秋田空港的機場，除了機身是Hello Kitty外，就連小朋友的兒童餐盒也都是可愛的Kitty唷！不光是小孩子喜歡，連我看了也是愛不釋手呢！如果父母們想要嘗鮮，搭乘這種卡通專機是很有趣的體驗。而且，有時候小孩子搭飛機可能會哭鬧，若是有這樣可愛的飛機，一定都會忘記所有的煩惱吧！

超可愛Hello Kitty兒童餐盒 ▼

時尚媽咪小建議

在日本想要搭乘國內班機，也可以利用網路訂票的方式，一般的票價在12000日幣～20000日幣元不等，並且在出國前就上網訂票是最有保障的喔！網路訂票也有很多優惠，像在生日的當月訂票，可以拿到約六折的生日優惠卷，還可以帶四個人隨行；如果早兩個月訂票的話，也有很好的優惠折扣喔！想要了解更多，也可以上全日空網站查詢　http://www.anktw.com.tw/
台灣有些航空公司可以幫您加購日本國內線的飛機，約單程再加2000～3000元左右。

147

林葉亭 達人家の幸福自由行

　　一到秋田，我的第一印象就是：街道好乾淨啊！有一股寧靜、安祥的氣息，而且人、車都不多，租車旅行這裡也非常適合。

　　台灣的團或旅遊書都很少介紹到秋田縣，不同於都市的喧鬧，這裡是很幽靜的鄉下地方，喜歡北海道雪景的人，一定也會喜歡秋田。這裡四季分明，春天有美麗的櫻花；夏天也是很棒的避暑勝地；秋天是滿山嫣紅的楓葉；冬天則有壯闊的雪景。

　　秋田四季分明，年均溫最高在30度左右，而且幾乎沒有梅雨季。十一月到三月左右，是秋田下雪的季節，這時候的氣溫會降到零度以下，往往一覺醒來街道就積雪十幾公分厚，若是在這樣的季節去秋田旅遊，要記得幫小孩攜帶全套的防寒衣物、耳罩、雪靴等等，不過，去日本遊玩，只要是寒冷的冬天，車上、飯店或室內時都會有暖氣，所以不需要太過擔心。

PART5──和風與雪的國度──秋田

1. 雪的國度 —— 秋田 (Akita)

　　我們剛到秋田的時候，當地人特地來迎接我們，那天天氣很好，雖然路邊還有一些積雪，可是卻晴空萬里，負責接待我們的人卻很擔心地表示，天氣這麼好，但我們來這兒看不到秋田的雪，也不知道是幸還是不幸，足以看出「雪」對秋田人的重要性。

　　如果是在東京，下了十公分厚的雪就會停止上班上課，而秋田是下了一公尺厚的雪仍然要上班上課呢！當我們抵達的第二天下了大風雪，我還很擔心會被困在這裡沒得玩，沒想到第二天醒來，被雪遮掩的路都開好了，秋田人真是有效率。

祭祀水神的恩典——雪窯

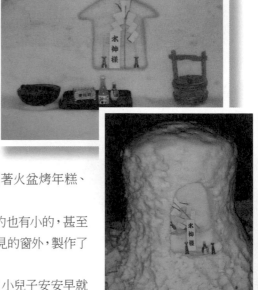

▲ 祭拜水神的雪窯

　　雪窯是秋田非常特殊的景觀，也是觀光的勝地之一。在風與雪的秋田，人們認為雪是上天給予的恩賜，因為當春天雪融之後，就會成為灌溉的水源，所以秋田人對雪是非常尊敬的。而雪窯正是為了祭拜水神公主而製作的，用來祈禱春季豐收及家人的健康平安。知道了這層意義之後，和小孩子一起製作雪窯就更有感動呢！

　　有些雪窯非常大，甚至可以讓成人進去，以前秋田人過年時都會聚在雪窯裡面，圍著火盆烤年糕、喝甜酒。

　　我在秋田時，到處都可以看見雪窯，有大的也有小的，甚至在旅館用餐時，旅館的人還特地在我們可以看見的窗外，製作了一個小型的雪窯讓我們欣賞，真是非常貼心。

　　終於到了可以親手體驗做雪窯的時候囉！小兒子安安早就摩拳擦掌，很認真的看著示範，製作雪窯可不容易，要先將雪

149

放進一個水桶裡，而且要放得很紮實，這樣雪窯才不會垮掉，等到做了很多個小雪山之後呢，再將裡面小心的掏空，就成為一個迷你雪窯。

　　製作一個小型雪窯不容易，更何況是做一個比人還大的雪窯呢？安安做完雪窯之後，就開始對四周的皚皚白雪感到很大的興趣，和大哥哥一起打起了雪仗。

　　除了製作雪窯之外，還可以體驗秋田傳統生活的裝備喔！像是古時候的竹編雪鞋、簑衣和斗笠……打扮起來還真像日本小孩呢！

　　台灣的小孩子看到雪真的是會非常興奮呢！我覺得爸爸媽媽一定要多帶小孩去體驗各國不同的風景和文化，小孩子的感受力和體驗才會更加豐富喔！

▼ 我也學著當地人一樣穿上用竹編鞋墊
跟幾根繩子綁成的DIY雪鞋。

林葉亭 達人家の幸福自由行

滑雪去吧!

　　秋田的滑雪場也非常多,因為地點比較偏遠,在秋田滑雪比在北海道還要便宜許多,在北海道滑雪,以住宿來說,一泊二食的費用大約要18000日幣,相當於台幣6000元左右,但是在秋田住宿,一泊二食的費用只要10000日幣左右,相當於台幣3500元左右,便宜了將近一半呢!

　　秋田的雪層比較厚、乾淨,小孩子摔倒比較不會痛,在安全上父母可以安心。除了滑雪場之外,也有專為小孩設計的兒童遊戲區,還有比較不危險的雪橇、雪上香蕉船,都非常刺激,即使小孩不會滑雪,也可以玩得很快樂呢!

▼ 滑雪必備的祕密武器太陽眼鏡跟防曬乳。

香蕉船是當地小學的公用物品，當地的小朋友冬天就是玩這個喔！

安安這輩子是第一次看到雪，整個旅程都很興奮呢！

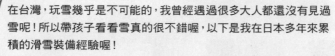

在台灣，玩雪幾乎是不可能的，我曾經遇過很多大人都還沒有見過雪呢！所以帶孩子看看雪真的很不錯喔，以下是我在日本多年來累積的滑雪裝備經驗喔！

裝備	注意
防水衣褲、手套	小孩子穿的衣褲絕對要防水，雖然一開始碰到雪不會變得寒冷，但是如果衣褲濕掉之後，又碰觸到空氣中的低溫，就會變得非常冰，會讓小朋友很容易感冒。所以衣物防水，才會比較保暖。
太陽眼鏡	雪折射陽光會讓太陽照射加倍強烈，因此無論大人小孩，太陽眼鏡絕對是必備品，否則眼睛很有可能會受傷喔！
耳罩、帽子	由於下雪地區的溫度常常會到零度以下，必須要有防風的帽子和耳罩遮住耳朵才有用喔！
雪鞋	雪鞋雖然在台灣不常用到，可是如果去秋田的話，還是要準備比較好，在當地任何一家商店都有販賣雪鞋，一雙大約1000日幣左右就有了，非常便宜。穿雪鞋在雪地走路才會穩，不容易滑倒。回到台灣之後可以當作雨鞋穿，也不會浪費。

栗駒滑雪場（Kurikoma Ski Resort）

　　有專為小朋友設計的滑雪日，入場券也會有優惠，還有滑雪和滑雪板的教學課程，不過需要預約。

　　滑雪場的附設設施還有溫泉大浴場，讓我們在運動一整天之後，還可以消除疲勞喔！

滑雪場販賣機的牛奶，香濃好喝！

栗駒滑雪場旅遊資訊

門票：

券種	大人	國、高中生	小學生
一日券	3,000 円	2,500 円	2,000 円
五小時券	2,500 円	2,250 円	1,500 円
入場卷	500 円		300 円

※小學以下的幼兒免費。

滑雪教學收費

時間／類別	一般教學	個人教學	團體
兩小時	3,000 円	9,000 円	12,000 円
四小時	4,500 円	16,000 円	18,000 円

地址：秋田縣雄勝郡東成瀬村椿川字柳澤39-7
電話：TEL：0182-47-3101　FAX：0182-47-3107
交通：在秋田車站搭乘JR奧羽本線至十文字車站下車，車程約100分鐘，再轉搭計程車。
網址：http://www.junesu-ski.com/

▼ 美麗的七夕繪

2. 和風文化體驗

　　秋田是很恬靜、有鄉村味道的地方,可以深深地體驗日本人的生活喔,以下是我推薦超好玩的親子旅遊勝地。

白鳥飛來地（Hakucho Hiraichi）

　　這是冬天侯鳥停駐的皆瀨川河邊,有野鴨子、天鵝等,現場還有準備麵包讓我們去餵食,麵包一灑鳥兒都聚過來了,由於長年餵食的關係,這些鳥兒與人很親近,還會主動靠近啄食你手中的麵包呢!安安跟我餵食得開心極了。

　　秋田也有很多泡湯的地方,有日本第一祕湯之稱的乳頭溫泉,費用也相對比較便宜的喔!

這隻野鴨子很兇，還會咬人喔！ ◣

　　此外，我們來到秋田的時間是冬天，所以無緣見到秋田另一項著名的觀光資源：祭典。如果是夏季去秋田，絕對不要錯過喔！

　　秋田的祭典大約是每年七月到九月，從八月一日的淹浴、八月三日到六日的竿燈祭、八月十六到十八的盆踊等等，最著名的有竿燈祭，冬天時，夏季祭典使用的七夕繪作品則會擺放在室內展覽，所以雖然不是夏天，一樣可以看到喔！

秋田和風漫遊 ── 田澤湖區及角館(Tazawako Area and Kakunodate)

　　秋田著名的觀光地區有田澤湖、角館、乳頭溫泉、男鹿四個區域，這些地方都是來到秋田不能錯過的喔！每個地方都有不同的特色和主題。田澤湖以自然風景為主，爸爸媽媽帶小朋友來這裡可以看見很多森林、自然的風光，可以說是一趟「綠」的旅行；而角館則有很多日本武士時代的古蹟建築，走在角館的老街上就好像回到過去一樣，可以讓小朋友看看日本的歷史，感受他們的過往情懷；而乳頭溫泉鄉是日本非常有名的溫泉勝地喔！因為乳頭溫泉鄉位處在山中，伴隨的雲霧繚繞，有種神祕的感覺，所以又被稱為「祕湯」，在這裡泡溫泉非常有情調呢！而男鹿半島是秋田西部地區，因為靠海邊，可以看到很多海邊壯觀的岩岸景色，對小朋友來說，也是一項非常好的自然教學呢！

　　準備好了嗎？快點來安排一趟秋田大自然之旅吧！

乳頭溫泉鄉 ●

田澤湖

● 角館

仙北市

增田漫畫美術館（Masuda Manga Museum）

　　說到漫畫，應該是所有小孩子的最愛吧！可是除了漫畫之外，漫畫家堅持和努力的故事也可以作為教育小孩子的絕佳教材喔！秋田縣橫手市曾經出過一個出名的漫畫家，也就是知名漫畫《天才小釣手》的作者矢口高雄，所以在這間漫畫美術館裡，可以看見這位漫畫家的手稿和生平事蹟，除此之外，這裡還有《原子小金剛》的作者手塚治蟲，以及所有小朋友都不陌生的《哆拉A夢》作者藤子不二雄……等等，一共有收藏了一百位漫畫家將近三百幅作品喔！

　　家裡有著迷漫畫的小朋友嗎？帶他來這裡逛逛，看看那些漫畫故事背後的辛苦和用心吧！

增田漫畫美術館旅遊資訊
門票：常設展覽免費，特展收費
地址：秋田縣橫手市增田町增田字新町285
電話：0182-45-5556
營業時間：AM09：00～PM17：00（星期一休館）
交通：搭乘JR奧羽本線至十文字車站下車，搭乘增田町公車至關隘口站下車，徒步五分鐘抵達
網址：http://manga-museum.srv7.biz/

御座石神社(Gozanoishi Jinja)

　　位在田澤湖畔的神社，供奉著傳說中的美女辰子公主，並立有下半身變身為龍的姿態的辰子雕像。據說可保佑長生不老的辰子公主護身符也相當受歡迎，每個700日幣。

御座石神社旅遊資訊
地址：仙北市西木町檜木內相內潟西明寺潟尻
電話：0187-43-2111（田澤湖觀光情報中心For Lake）
營業時間：自由開放
交通：從JR田澤湖站搭乘羽後交通巴士田澤湖一周線約52分鐘，在御座石神社站下車
網址：http://kamnavi.jp/en/sinano/gozaisi.htm

辰子像 (Statue of Tatsuko)

　　這是佇立於田澤湖畔的雕像，也可說是田澤湖的象徵，來到這裡的遊客一定要前來觀賞。從前，希望永保自己青春美貌的辰子向神佛許願，並喝下山谷間湧出的靈泉，最後辰子變身為龍，而泉水則變成了湖，於是辰子變成了湖的守護神，後人便基於這個傳說豎立了這座雕像。

辰子像旅遊資訊
地址：仙北市西木町西明寺潟尻(Katajiri)
營業時間：自由參觀
交通：從JR田澤湖站搭乘羽後交通巴士田澤湖一周線約30分鐘，在潟尻站下車
網址：http://www.sasurai.com/landmark.php?trvno=178749&pvuid=naivz

秋田故鄉村（Akita Furusato Mura）

秋田犬是秋田的象徵喔！

　　這是秋田當地小孩子最喜歡去的樂園，取名為故鄉村的意義，就在於這裡除了遊樂之外，還結合了秋田當地的文化特色、生活、藝術……等等，利用好玩的活動，讓小孩子在這裡可以體驗秋田、認識日本。

　　故鄉村中分為三個大館：近代美術館、兒童遊戲館和星空探險館。進入每個館都要個別收費，所以如果要花很長時間在這裡玩，建議還是一次購買三個館都通用的門票比較划算，而且三個館裡面的遊戲都非常有趣呢！

　　而其中的不思議之村是最受大人小孩歡迎的了，它有點像是台灣的小叮噹科學園區，不過更富有想像力！充分利用空間上的錯覺製造出很多視覺上的神奇，像是走進一個房間裡，我的兒子安安就變成巨人，而我卻變成小矮人；或是看起來明明像是躺在天花板上，可是其實是躺在地上那麼神奇！這些空間上的錯覺正好可以讓小朋友腦力激盪，思考為什麼會變成這樣的原因，是非常寓教於樂的場所喔。

　　除此之外，還有很多科學機關可以讓小朋友體驗，從中獲得科學的知識，或者也可以報名參加園區內的工房體驗活動，讓小朋友自己製作手工藝品，畫畫，我想這就是無價的紀念品吧！

▼ 利用空間錯覺做出來的神奇視覺效果

秋田故鄉村旅遊資訊

門票：

券種	大人	大學生、高中生	國中生、小學生
三館通用券	1,400円	1,100円	800円
兩館通用券	1,000円	800円	600円

地址：秋田縣橫手市赤阪字富澤62-46
電話：TEL：0182-33-8800
營業時間：AM9：30～PM17：00
年度休館日：2008年1月13日～22日
交通：在JR橫手車站搭乘接駁巴士，車程所需時間約15分鐘，單程大人車資260円、小孩130円。
　　　如果開車從秋田行駛秋田汽車道到橫手，車程約1小時。
網址：http://www.akitafurusatomura.co.jp/

角館武家屋敷（Kakunodate Bukeyashiki）

　　角館歷史村是一條老街，這是秋田縣的古蹟，不同於人工建造的歷史村，這裡是包括硬體、街道都保存得非常完整的地方，也是觀光客到秋田必來的景點之一，旅行團也經常安排這個地點。街上都是將近三百年歷史的老房子這些老房子，原本都是單純的住家，但被列為觀光古蹟之後，有一些老房子就開放給遊客參觀，這些老房子也常常是很多電影的拍攝場景呢！不過大部分的住家還是不開放的，遊客只能從屋外欣賞它們悠久的歷史痕跡，千萬別亂闖進去。

　　一踏進這裡就好像走入了古代的日本，每一幢房子都保存的十分良好，走入開放的房舍中，可以看見裡面的擺設都還忠實地呈現了古代的生活，現場還有人會表演手工藝品製作，以及古代文物的陳設，像是武士的盔甲、冬天的雪衣、雪鞋等等，可以看

保存得十分完整的角館老街，來這裡追溯歷史情懷吧！

出以前古人生活的辛苦和樂天知足喔！

　　光是靜態的文物是不夠的，這裡還有說書人說故事呢！我聽到像是祭祀水神的故事，及秋田人對雪的崇敬，其實都是說書人講出來的呢！大家圍在爐火邊，邊烤著米棒、喝著茶，邊聽老太太說著這裡的故事，從她的歲月之中勾勒出這裡的生活樣貌，雖然我的小孩不懂日文，但透過老太太生動的表演，也能略知一二的，也是孩子們一場很好的文化洗禮。

　　另一方面，小朋友在這裡也不會感到無聊喔！在街道上還有非常有日本風味的雜貨店，裡面販賣的是糖果點心以及紀念品，在這裡可以邊走邊看邊玩，處處都古色古香。

人力車櫻風亭(Jinrikisha Oufutei)

　　角館最著名的就是懷舊風情，在這裡不但能夠看到很多古蹟，還可以體驗古代日本人的生活，人力車兜風就是其中一種，小朋友看到這種人力車一定覺得非常新鮮！尤其是在櫻花季節，伴隨著片片櫻花穿梭在古意盎然的街道上，真是有氣氛！還能用不同以往的角度欣賞街道呢！

　　人力車的行程是從武家屋敷大街繞行半周，司機還兼導覽大約15分鐘，途中會告訴你很多這裡的故事喔！

人力車櫻風亭旅遊資訊

地址：仙北市角館町表町上丁
電話：0187-54-3311
費用：15分鐘3000円起
營業時間：AM10：00～PM17：30（11月營業至PM16：00）
休息日：4～11月營業，期間不休息
交通：從JR角館站步行約18分鐘
網址：http://www.kakunodate-kanko.jp/kanko.html#jinrikisya

▼ 傾聽車夫的故事，融入老街的景觀中。

角館樺細工傳承館(Kakunodate Kabazaiku Folklore Museum)

　　這裡是介紹角館傳統工藝——樺細工的博物館，樺細工就是利用山櫻樹皮所製作的傳統工藝品、茶葉罐。據說在以前武士平常沒有事情的時候，就會製作這項手工藝當作副業呢！沒想到武士除了保家衛國之外，手也挺巧的。

　　博物館中除了展示樺細工的歷史及師傅的作品外，也有傳統工藝師傅在現場實地表演，讓遊客可以親眼看到這項傳統工藝的面貌，館內還有被稱為角館第一的垂枝櫻，非常有名，每當花季一到，美得令人流連忘返。

角館樺細工傳承館旅遊資訊

地址：仙北市角館町表町下丁10-1
電話：0187-54-1700
費用：入館300円
營業時間：AM9：00～PM17：00（12～3月營業至PM16：30）
休息日：全年無休
交通：從JR角館站步行約18分鐘
網址：http://www12.plala.or.jp/kabasen/

武家屋敷——石黑家(Bukeyashiki - Ishiguroke)

　　擁有曾任佐竹北家管家的正統家世，位於內町武家屋敷大街的最北端。據說擁有正門與側玄關兩個玄關，表示這是上層武士宅邸的證明，現在第十二代後代仍居住其中，所以只開放宅邸的一部分，是相當珍貴的景點。

近距離欣賞樺細工的實地製作，體會手工藝設計的感動。 ▼

石黑家旅遊資訊
地址：仙北市角館町表町下丁1
電話：0187-55-1496
費用：入館300円
營業時間：AM9：00〜PM17：00
休息日：全年無休
交通：從JR角館站步行約20分鐘
網址：http://www.kakunodate-kanko.jp/bukeyashiki.
html

角館歷史村──青柳家(Kakunodate Reki-shimura Aoyagike)

　　青柳家的屋齡已經有兩百年之久，可以參觀主屋、武器庫、武家道具館和秋田鄉土館等建築物，裡面展示著約三萬件與武士相關的收藏品，還附有咖啡館與餐廳。

青柳家旅遊資訊
地址：仙北市角館町表町下丁3
電話：0187-54-3257
費用：入村500円
營業時間：AM9：00〜PM17：00（11〜3月營業
　　　　　至PM16：00）
休息日：全年無休
交通：從JR角館站步行約20分鐘
網址：http://www.samuraiworld.com/

從武器、玩具到咖啡館，可說是武家的主題村。

角館(Kakunodate Satoku Garden)

　　逛累了嗎？別忘了要帶點紀念品喔！這間雜貨店也是古蹟呢！可是武士青柳家御用的店，店內除了

樺細工等角館的民俗工藝品外，也有當地有名的點心。

角館(Satoku Garden)旅遊資訊
地址：仙北市角館町東勝樂丁26
電話：0187-53-2230
營業時間：AM9：00～PM17：00
休息日：全年無休
交通：從JR角館站（P23）步行約16分鐘
網址：http://www.satoku-garden.com/sp/

時尚媽咪小建議
開始眼花撩亂了嗎？這麼多好玩的景點到底要怎麼選擇呢？這些景點都很近，步行就可以到了，所以我這邊特別為大家設計輕鬆漫遊的行程喔！

第一天
JR田澤湖站→（距離7公里，開車約10分鐘）湖畔之社餐廳→（距離4公里，開車約5分鐘）御座石神社→（距離6公里，開車約8分鐘）辰子像→（距離3公里，開車約3分鐘）辰子茶屋→（距離8公里，開車約12分鐘）山之蜂蜜屋菓子工房→（距離12公里，開車約20分鐘）乳頭溫泉鄉溫泉巡禮

第二天
乳頭溫泉鄉溫泉→（距離32公里，開車約45分鐘）食堂稻穗→（步行約7分鐘）人力車櫻風亭→（步行約5分鐘）角館樺細工傳承館→（步行約1分鐘）武家屋敷石黑家→（步行約1分鐘）角館歷史村青柳家→（步行約3分鐘）角館(Satoku Garden)→（步行約12分鐘）→終點JR角館站
角館町觀光協會 http://www.kakunodate-kanko.jp/ 讀者可以上網查詢更多資訊喔！

林葉亭 達人家の幸福自由行

秋田和風漫遊二── 男鹿溫泉鄉(Oga Onsenkyo)

　　男鹿半島位在秋田縣的西部，這裡除了同樣也有非常棒的溫泉之外，還有許多美麗的海邊風景喔！男鹿半島的沿海屬於礁石，有許多崎嶇、壯觀的海岸景色，爸爸媽媽們可以讓小朋友看到不同於沙灘海水浴場的海邊景觀喔！如果你選擇的是靠近海邊的溫泉飯店，說不定還能夠邊欣賞海天一色的風景，一邊舒服地泡溫泉呢！

男鹿真山傳承館(Oga Shinzan Folklore Museum)

　　「嗚 ── 喔 ──！」一隻長相可怕的惡鬼就站在大家面前，小心可別把小孩子嚇哭啦！「生剝」是秋田的野獸，長相恐怖、披頭散髮、青面獠牙，在秋田的傳說當中，是屬於半神半鬼，原本是凶神惡煞，後來卻演變為一種的祈福象徵，可為人民消災除厄、帶來豐收及漁獲。這可是指定為國家重要無形文化遺產喔！來到男鹿半島千萬不可以錯過！

男鹿真山傳承館旅遊資訊
住址：男鹿市北浦真山水喰澤地內
電話：0185-33-3033
費用：入館800円（與生剝館的聯合門票，12～3月為
　　　　1000円）
營業時間：AM09：00～PM17：00
　　　　　　（12～3月為AM09：30～PM16：00）
休息日：全年無休
交通：從JR羽立站開車約20分鐘
網址：http://www.namahage.co.jp/namahagekan/
　　　　chinese_tradition/（中文網站）

男鹿溫泉鄉遊覽

　　以充滿傳說及具有療效的溫泉之鄉為概念，除了可以探訪三個溫泉的男鹿溫泉鄉巡迴票1000日幣之外，還有秋田三味線迷你現場演奏會及夕陽巴士等，不管參加哪一項都非常好玩。

元湯　雄山閣飯店推薦
住址：秋田縣男鹿市北浦湯本草木原52
電話：0185-33-3121

費用：一人約4000円（一泊二食）
營業時間：全日
交通：JR羽立站下車，換搭往男鹿溫泉的巴士約20分鐘
網址：http://www.namahage.ne.jp/yuuzan/

寒風山旋轉瞭望台(Kampuzan Kaiten Tembodai)

　　想要眺望男鹿半島廣闊的自然景觀，一定要到標高355公尺的瞭望台去。最上層瞭望室的地板會緩緩旋轉，旋轉一周約7分鐘，只要站在原地就能欣賞到一望無際的風景和日本海的美麗，甚至連遠方的白神山地等也能一眼望盡，館內也有介紹男鹿風土民情的展示區。

寒風山旋轉瞭望台旅遊資訊
住址：男鹿市脇本富永審風山62
電話：0185-25-3055
費用：入館550円
營業時間：AM8：30～PM18：00（3月中旬～12月上旬營業，期間不休息）
交通：從JR脇本站開車約10分鐘
網址：http://www.chuo-kanko.com/observatory.html

生剝館(Namahagekan)

　　生剝展示區中有大約六十尊男鹿半島不同地區出沒的生剝形象，各式表情的生剝們形成一幅張力十足的光景。在生剝變身區也可穿上真正的生剝服裝拍紀念照呢！

生剝館旅遊資訊
住址：男鹿市北浦真山水喰澤地內
電話：0185-22-5050
費用：入館500円（與男鹿真山傳承館的聯合門票為800円起）
營業時間：AM8：30分～PM17：00（12～3月為AM09：30～PM16：00）
休息日：全年無休
交通：從JR羽立站開車約20分鐘
網址：http://www.namahage.co.jp/namahagekan/chinese_tradition/（中文網站）

入道崎燈塔(Nyudouzaki Todai)

　　位處半島最北端，是日本燈塔五十選之一，也是北東北地區第一的賞落日景點。這裡北緯40度紀念碑，紀念緯線在此劃過。黃昏時，落日餘暉中浮現著入道崎燈塔的

身影，形成如夢似幻的景緻。天氣晴朗時，草原與大海的對比相當美麗，附近紀念品
店也相當熱鬧，值得一逛。

入道崎燈塔旅遊資訊
住址：男鹿市北浦入道崎
電話：0185-24-4700（男鹿市觀光協會）
費用：自由參觀
交通：從JR羽立站搭乘秋田中央交通巴士往入道崎方向約55分鐘，在入道崎下車
網址：http://www.oganavi.com/data/048.htm

八望台(Hachiboudai)

由於火山活動造成的鉢狀火山口處積水形成的湖就叫做火口湖，在這裡可以看見
兩個閃耀著翠綠波光的火口湖，大約到了九月中旬，為了欣賞秋季繽紛的波斯菊而專
程造訪的人很多。

八望台旅遊資訊
住址：男鹿市戶賀鹽濱
電話：0185-24-4700（男鹿市觀光協會）
費用：自由參觀
交通：從JR男鹿站開車約30分鐘
網址：http://www.oganavi.com/data/071.htm

男鹿島海上遊覽船(Ogashima Meguri)

到了秋田灣，想一次飽覽澎湃的日本海海浪和奇岩怪石，一定要選擇50分鐘的船
上觀光，可看見岩石被鑿穿而形成天然橋樑的「大棧橋」、傳說是海盜藏身之處的「孔
雀之窟」……等，讓大自然的鬼斧神工帶給你滿心感動。

男鹿島遊覽船旅遊資訊
住址：男鹿市戶賀鹽濱
電話：0185-37-2722（秋田灣觀光協會）
費用：乘船1500円（5人以上便開船）
營業時間：AM09：00～PM15：00（4月下旬～10月開
　　　　　　船，期間中不定時休息）
交通：從JR羽立站搭乘秋田中央交通巴士往入道崎方
　　　　向約50分鐘，在男鹿水族館下車
網址：http://www.oganavi.com/data/062.htm

生剝立像(Statue of Namahage)

位於門前地區的赤神神社五社堂，其神社殿堂延續著多達999階的階梯，傳說是生剝在一夜之間砌成的，附近的立像也因為這個緣由而高達9.99公尺！其充滿魄力的站姿讓人瞬間懾服。

生剝立像旅遊資訊
住址：男鹿市船川港本山門前
電話：0185-24-4700（男鹿市觀光協會）
交通：從JR男鹿站開車約20分鐘
費用：自由參觀
停車場：可停放50台車

男鹿水族館(Oga Aquarium)

男鹿水族館是秋田縣最大的水族館，水族館中有一個內含大約30種左右、多達2500條魚悠游其中的男鹿之海大水槽，並且有可愛的北極熊豪太與男鹿半島之名的雷魚……等特殊的海洋生物，相當引人入勝。肚子餓的話，還能在美食街品嚐到男鹿出產的雷魚喔！水族館的外觀就是一艘非常大的船，非常特別，遊客可以乘坐手扶梯欣賞水槽裡美麗的魚群，因為水槽非常深，幾乎模擬整個海洋的生態，可以看到不同階層的魚類特色，對小朋友來說是一個非常特別的體驗呢！

水族館中還有3D立體電影院，播放刺激的電影，也可以看到海洋生態的奧妙，那些魚兒就好像在你身邊游來游去一樣，忍不住都覺得自己好像在海裡。

水族館除了各式各樣的海洋生物可以參觀之外，還會不定期有各種特別的展覽，每次去都會有不同的體驗喔！

男鹿水族館旅遊資訊

門票：

券種	大人	學生	國中生、小學生
入場券	1,000円	400円	800円
星光票（下午三點以後入場）	800円	300円	600円

電話：0185-32-2221
營業時間：AM9：00～PM17：00
休息日：1月第3週～2月的星期四（例假日照常營業）
交通：男鹿水族館巴士站旁
網址：http://www.gao-aqua.jp/

增田漆藏資料館（Masuda Urushigura Shiryokan）

漆藏資料館中有許多古代文物和漆器，像是以前日本人的餐具或是精緻的漆器等等，而且是免費參觀的。

增田漆藏資料館旅遊資訊
入場：免費
地址：秋田縣橫手市增田町增田字本町5番地
電話：0182-45-5430
營業時間：AM9：00 ～ PM21：00（星期一休館）
交通：搭乘JR奧羽本線至十文字車站下車，徒步十分鐘抵達。
網址：http://www.sato-yoske.co.jp/yousin-an/index.htm

想體驗秋田魅力的精華？我特別設計了一個行程，只要利用新幹線搭配租車，就可以一次將秋田所有好玩的地方都走透透喔！

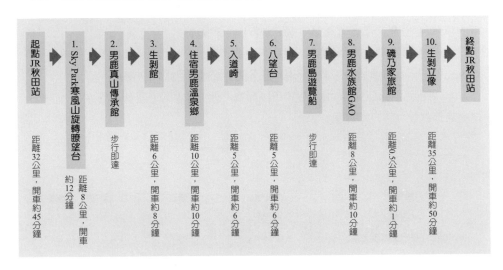

起點 JR秋田站　距離32公里，開車約45分鐘

1. Sky Park寒風山旋轉瞭望台　距離8公里，開車約12分鐘

2. 男鹿真山傳承館　步行即達

3. 生剝館　距離6公里，開車約8分鐘

4. 住宿男鹿溫泉鄉　距離10公里，開車約10分鐘

5. 入道崎　距離5公里，開車約6分鐘

6. 八望台　距離5公里，開車約6分鐘

7. 男鹿島遊覽船　步行即達

8. 男鹿水族館GAO　距離8公里，開車約10分鐘

9. 磯乃家旅館　距離0.5公里，開車約1分鐘

10. 生剝立像　距離35公里，開車約50分鐘

終點 JR秋田站

▼ 我們在橫手居住的上畑溫泉飯店，真的是很傳統的日本和式房，晚上把桌子拉開，就在榻榻米上鋪棉被睡覺。

秋田第一祕湯 —— 乳頭溫泉 (Nyuto Onsenkyo)

乳頭溫泉無論在日本或是同樣愛泡溫泉的台灣都非常有名，大家第一次聽到「乳頭溫泉」的時候，一定都會覺得名字很有趣，到底為什麼要叫乳頭溫泉呢？其實是因為這個溫泉位於「乳頭山」下，而且溫泉的顏色也剛好呈現乳白色，真是再貼切也不過了！

乳頭溫泉位於秋田縣田澤湖附近的深山中，在日本非常受到女性的喜愛，日本人都覺得享受乳頭溫泉，是來到秋田的最高享受，因為這裡的景色優美，有美麗的山峰，冬天還會降雪，若是泡露天溫泉的話，會非常有日本風味。

想要一次擁有乳頭溫泉鄉不同泉質的體驗，那就一定要試試各個旅館的溫泉，所以我要跟各位推薦，如果你住在乳頭溫泉鄉裡的任何一家旅館，可以購買的「乳頭溫泉鄉溫泉巡禮通行證」，一本1500日幣，就可以在鶴之湯、蟹場、大釜、妙乃湯、孫六、黑湯、休暇村田澤湖高原等七家旅館的溫泉各泡湯一次，超級划算的。

在日本溫泉旅館中，通常都可以選擇西式房或和式房，在這裡我要大大推薦所有的爸爸媽媽和小朋友一起住和式房。這樣的生活方式在台灣是很少見的，大家的感情可以更進一步，而且難得來到日本，當然要體驗真正的日本生活。溫泉旅館的服務都

林葉亭 達人家の幸福自由行

PART5——和風與雪的國度——秋田

非常周到，晚上在餐廳吃完好吃的會席料理之後，回到房間就會發現，女將（溫泉旅館的工作人員），已經幫你在榻榻米上鋪好溫暖的床鋪了，而且他們的寢具也非常講究，是傳統的七件式寢具，可是一點也不馬虎啊！

離開秋田的時候，安安還嚎啕大哭，說著：「我不要和秋田SAY BYE BYE～」招待我們的秋田人個個都好感動喔！不過的確，這麼美、這麼自然的地方，怎麼可以錯過呢？快帶你家的小寶貝來趟和風之旅吧！

乳頭溫泉的交通

巴士：從JR田澤湖站搭乘交通巴士，可以前往乳頭溫泉鄉的各個著名溫泉景點喔！到駒草溫泉站約28分鐘，到田澤湖高原溫泉站約32分鐘，到鶴之湯舊道口約38分鐘，到休暇村前約42分鐘，到妙乃湯溫泉前約43分鐘，到乳頭溫泉約44分鐘。

開車：從秋田自動車道大曲交流道接國道105、46、341號交流道出口等約70公里。日本的導航系統十分的精細，不但有畫面呈現，還有語言提供，不諳日文的遊客們，只要將語音調整成英文模式，靠著系統的語音提醒。就不用擔心錯過交流道出口了喔！這樣的功能十分親切吧！

乳頭溫泉推薦

1. 鶴之湯溫泉（Tsurunoyu Onsen）

　　乳頭溫泉鄉內一共有七間溫泉旅館，而其中的鶴之湯溫泉，是當地歷史最悠久的溫泉旅館，以前還是當地藩主專屬的溫泉區呢！鶴之湯溫泉共有十一個浴池，其中「黑湯」溫泉池還是沿用以前的茅草屋頂，泡起來特別有懷舊風味。

鶴之湯溫泉旅遊資訊
門票：大人500円，小孩300円
地址：秋田縣仙北市田澤湖田澤字先達澤
　　　　國有林50
電話：0187-46-2139
溫泉開放時間：AM10：00～PM15：00
住宿費用：住宿一晚含兩餐8550円起
交通：搭秋田新幹線こまち至JR田澤湖車
　　　　站下車，車站前有定期巴士（羽後交
　　　　通往乳頭溫泉）停靠站，打電話告知
　　　　當天從田澤湖車站搭乘巴士的時間，
　　　　旅館接駁車就會到高原　泉巴士站接
　　　　送，乳頭溫泉線1時間1個班次。
　　　　網址：http://www.tsurunoyu.com/

2. 蟹場溫泉（Ganiba Onsen）

　　是一家位處溫泉鄉最深處的獨棟旅館。「蟹場」名稱的由來是因為過去在附近的沼澤裡有許多沼澤螃蟹棲息其中之故，館內有岩風呂與木風呂兩個室內溫泉，而離旅館不遠處更有沿溪流而造的混浴露天溫泉唐子之湯。

蟹場溫泉旅遊資訊
門票：開放日間泡湯費用500円
地址：仙北市田澤湖田澤先達澤國有林50
電話：0187-46-2021
溫泉開放時間：AM9：00~PM16：30
休息日：全年無休（露天溫泉不定時休息）
住宿費用：住宿一晚含兩餐9075円起
交通：從乳頭溫泉巴士站步行約3分鐘
網址：http://www.hikyou.jp/akita/kanibaonsen/kanibaonsen.htm

3. 孫六溫泉（Magoroku Onsen）

　　走過吊橋就可看到木造建築與溫泉療養屋矗立山中，充滿了鄉土風情。茅草屋頂與質樸的木造溫泉小屋，這樣的懷舊風情讓喜歡泡溫泉的人都神魂顛倒，室內溫泉池的泉水還隨天候改變顏色。

　　由於館內湧出4種泉質，功效豐富，故又稱為「山之藥泉」，來回於露天溫泉與溫泉小屋間泡湯提振精神吧！

孫六溫泉旅遊資訊
門票：開放日間泡湯費用400円
地址：仙北市田澤湖田澤先達澤國有林內
電話：0187-46-2224
溫泉開放時間：AM7：00~PM17：00
休息日：全年無休（須事先詢問）
住宿費用：住宿一晚含兩餐8550円起
交通：從乳頭溫泉巴士站步行約15分鐘
網址：http://www.mapple.net/spots/G00500005405.htm

4. 黑湯溫泉（Kuroyu Onsen）

　　黑湯溫泉位在森林裡，也是僅次於鶴之湯的第二古老的歷史名泉喔！硫磺的味道伴隨著溫泉煙裊裊上升，這樣的景象光是看就讓人好想跳進池子裡！館內有「上之湯」、「下之湯」兩個浴場，上之湯裡有杉皮屋頂的露天溫泉，下之湯裡則有女性專用的露天溫泉及圓木組成的水柱溫泉小屋等。

黑湯溫泉旅遊資訊
門票：開放日間泡湯費用500円
地址：仙北市田澤湖生保內黑湯2-1
電話：0187-46-2214
溫泉開放時間：AM7：00~PM18：00
休息日：全年無休（須事先詢問）
住宿費用：住宿一晚含兩餐11700円起
交通：從休暇村前巴士站步行約20分鐘
網址：http://www.mapple.net/spots/G00500090705.htm

5. 妙乃湯（Taenoyu）

　　這間溫泉旅館非常受到女性的喜愛，因為很多小細節都表現出為女性做了貼心的設計。在流瀉著巴洛克音樂的館內裝飾著民俗風飾品，面對著瀑布的開放式露天溫泉也廣受好評，就算是混浴，女性也可以使用浴巾喔！另外還有野趣滿分的岩風呂及寢湯、出租風呂等，溫泉浴槽的選擇性相當豐富。

妙乃湯旅遊資訊
門票：開放日間泡湯費用1000円（附洗臉用毛巾）
地址：仙北市田澤湖生保內駒岳2-1
電話：0187-46-2740
溫泉開放時間：AM10：00~PM15：00
休息日：每週二
住宿費用：住宿一晚含兩餐12855円起
交通：在妙乃湯溫泉前巴士站旁
網址：http://www.mapple.net/spots/G00500008105.htm

6. 大釜溫泉（Ogama Onsen）

　　大釜溫泉是重新運用以前廢棄的學校校舍改建，營造出懷舊氣息，位於乳頭山的登山起點，頗受登山客喜愛。露天溫泉群木環繞，略帶黃色的溫泉會隨著季節與天氣變換顏色，玄關旁邊也有可以免費使用的足湯。

大釜溫泉旅遊資訊
門票：開放日間泡湯費用500円
地址：仙北市田澤湖田澤先達澤國有林50
電話：0187-46-2438
溫泉開放時間：AM9：00~PM16：30

休息日：不定時休息（須事先詢問）
住宿費用：住宿一晚含兩餐9600円起
交通：在乳頭溫泉巴士站旁
網址：http://www.mapple.net/spots/G00500090805.htm

7. 田澤湖高原渡假村（Resort Village Tazawako Palteau）

　　田澤湖高原渡假村是乳頭溫泉鄉中少數設有西式客房的，浴池有用十和田石打造的室內溫泉，以及男女分別的露天溫泉，相當完備。在周邊設置完善的自然小徑上漫步也是一大樂趣。

田澤湖高原渡假村旅遊資訊
門票：開放日間泡湯費用500円
地址：仙北市田澤湖生保內駒岳2-1
電話：0187-46-2244
溫泉開放時間：AM11：00~PM17：00
休息日：全年無休
住宿費用：住宿一晚含兩餐10440円起
交通：在休暇村前巴士站旁
網址：http://www.mapple.net/spots/G00500056905.htm

時尚媽咪
小叮嚀

帶孩子泡湯須知

1. 太小的小孩不適合泡。如果是三歲以下的小朋友，皮膚比較脆弱，最好還是不要泡溫泉，否則可能會引起過敏症狀。

2. 不要泡太燙的水溫。有些溫泉的水溫偏高，對大人來說也許還好，但小孩可能就負荷不了，所以在泡之前大人還是要先試一下水溫比較保險。

3. 不要在溫泉池附近玩鬧。溫泉池附近多為石頭，很容易濕滑，要是在打鬧中跌倒，後果可是不堪設想，所以要先教導小孩泡溫泉的禮儀，以免發生危險。

4. 泡溫泉時不要當成在游泳池嬉鬧。溫泉池和游泳池不同，若在裡面游泳或玩水的話，很容易影響到其他人喔！

超好吃的秋田和風美食

▼ 秋田真是一個物產豐饒的地方，這些都是秋田的特產喔！

　　在秋田這樣比較鄉下的地方，其實有很多好吃的餐廳需要自己去挖掘，因為它們常常隱身在巷弄之中，而且不會有招牌，從外面看起來就像是普通的住家一樣，像是這次我們吃的蕎麥麵店就是如此喔！雖然店家不大，卻非常溫馨，有種回到家裡吃家常料理的感覺呢，我覺得來到秋田，大家不妨可以多找找這類的家庭餐廳，相信一定會有很多等待你的發掘！

1. 烤米棒 (Tanpo)

　　秋田有「日本米倉」之稱，這裡的稻米產量是全國第三喔！因為以農業為主，完全沒有工業污染，而且東北地區大部分都是森林覆蓋，有很多河川，冬天降下的雪到了春天雪融之後成為特別乾淨的水質，是農田灌溉的絕佳資源。這裡的水不但能夠釀出好喝的清酒，種出來的白米也十分有名，所以來到秋田絕對不能不嚐嚐這裡的米料理！

在清酒工廠試喝！ ▼

▶ 很棒的下酒菜！

　　而我要大力推薦的就是——烤米棒。「烤米棒」是秋田當地特有的一種米料理，它們將米做成米捲，看起來有點像是魚板之類的火鍋料，然後放在火鍋裡面煮，再加上菇類、野菜等等，就變成清爽的米棒火鍋，小孩子都很喜歡吃喔！

　　除了米棒火鍋之外，秋田人也會在炭火邊烤米棒，沾味增吃，據說這是當地非常普遍而且道地的一項小吃，以前的秋田男性出外打獵的時候，也會帶烤米棒充飢，可見烤米棒真的是秋田人不可獲缺的一樣美食啊！

　　我建議各位爸爸媽媽在決定當地的溫泉旅館時，可以選擇有推出「一泊二食」優惠的旅館，旅館所附的會席料理當中一定會有烤米棒火鍋，而小朋友也有專屬的兒童餐喔！我看到兒子的兒童餐時，哇！看起好美味可口喔！連我都忍不住想跟他交換了呢！

▶ 清爽可口的米棒火鍋

湖畔之杜餐廳(ORAE)

　　餐廳是可充份採光的開放式空間，將田澤湖的美景盡收眼底，這是一間非常家常的啤酒餐廳，可以吃到秋田家常的料理，店內販賣的都是使用秋田小町米釀造的當地啤酒，每杯大約500日幣左右，而這裡搭配啤酒最有名的料理，則是當地的大蒜香腸喔！

湖畔之杜餐廳旅遊資訊
地址：仙北市田澤湖田澤春山37-5
電話：0187-58-0608
營業時間：AM11：00～PM21：00
休息日：不定時
交通：從JR田澤湖站搭乘羽後交通巴士田澤湖一周線約11分鐘，在蓬萊之松站下車
網址：http://g.pia.co.jp/shop/05010000

食堂稻穗(Shokudo Inaho)

醬菜、煙燻蘿蔔蓋飯和米棒火鍋都是秋田特有的美食，這間餐廳應有盡有喔！

旅遊資訊
地址：仙北市角館町田町上丁4-1
電話：0187-54-3311
營業時間：AM11：00～PM16：00
休息日：每週四
交通：從JR角館站步行約8分鐘
網址：http://ryotei-inaho.com/

辰子茶屋(Tatsuko Chyaya)

走累了嗎？想必小朋友這時候腿非常痠了，這時候可以到辰子像附近的茶屋休息喔！這裡的茶屋充滿了懷舊風格，店裡設有地爐，可以品嚐現烤的味噌米棒和秋田有名的雷魚，店家自製的甘甜辣味噌塗在米棒上，再用炭火燒烤，真是香味撲鼻啊！而且口感很Q，小朋友一定會喜歡吃。

辰子茶屋旅遊資訊
地址：仙北市田澤湖潟中山41
電話：0187-43-0909
營業時間：AM10：00～PM17：00
營業期間：4月下旬～11月上旬營業，期間不定時休息
交通：從JR田澤湖站搭乘羽後交通巴士田澤湖一周線約25分鐘，在大澤站下車後步行約5分鐘
網址：http://www.akitabijin.net/inshoku/html/tatuko.htm

2. 稻庭烏龍麵(Inaniwa Udon)

秋田另外一項非常有名的美食，則是日本三大烏龍麵之一———稻庭烏龍麵，這可是日本皇室的御用料理，已經有三百年歷史了！稻庭烏龍麵外型不太像我們吃的那種圓圓粗粗的烏龍麵，而是扁細形，看起來有點白到幾乎透明，非常精緻。稻庭烏龍麵比較適合做冷麵料理，但即使是熱湯麵的形式，都一樣非常好吃！搭配

大人跟小孩的稻庭烏龍麵套餐 ◥

紫蘇葉絲、蔥、生薑泥、海苔，再加上特調醬汁，看起平淡無奇的麵條，卻非常彈牙！

　　我們去的這間佐藤養助商店(Sato-Yoske Shyoten)，是最著名的稻庭烏龍麵店，有非常多當地日本人光顧喔！餐廳的擺設也非常傳統，得跪在榻榻米上，用個人的小桌子食用，在這樣的日式餐廳用餐，感覺自己好像真的變成了日本人一樣！

　　餐廳後棟的建築物，是原本的蕎麥麵工廠，現在則是稻庭烏龍麵的歷史文物館，可以進去參觀，看看他們以前製作烏龍麵的器具，以及製作烏龍麵的過程，都有真人示範喔！

　　如果帶小孩來這間餐廳，除了可以吃到好吃的料理，還能夠讓小孩子實地看見日本人對這項食材的維護和進步，可說是寓教於樂呢！吃起來也特別有滋味啊！

稻庭佐藤養助商店旅遊資訊
價格：約1200円~3000円
地址：秋田縣湯澤市稻庭町字稻庭229
電話：0183-43-2226
營業時間：AM11：00～PM15：00，AM17：00～PM21：00
交通：從湯澤站搭車約5分鐘抵達。或者可以選擇秋田市中通及秋田西武地下街都有設
　　　立的佐藤養助商店，尤其秋田西武地下街就在秋田車站的地下街，步行5分鐘左
　　　右即可抵達。
網址：http://www.sato-yoske.co.jp/

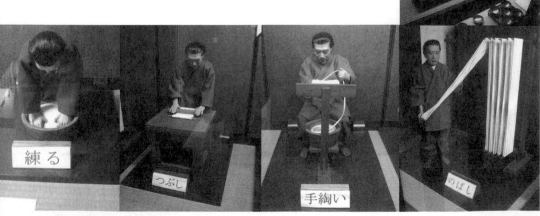

▼ 文物館中展示的製麵過程

▶ 比內地雞高湯的米棒火鍋真空包。

3. 比內地雞(Hinaijidori)

　　相信常常吸收日本資訊的人一定對「比內地雞」不陌生，牠是日本三大美味的雞肉之一喔！在秋田人的家庭料理當中，火鍋的湯底絕對少不了比內地雞。而小孩子最喜歡的「親子丼」，綿密的雞蛋淋在好吃的雞肉上，一大碗，安安都可以吃光光呢！

比內地雞之國～味之藏（人氣第一名！）
價格：1200円左右
地址：秋田縣秋田市大町5-3-13
電話：018-883-0777
營業時間：AM17:00凌晨24:00
交通：JR奧羽本線秋田站西口出來徒步10分鐘
網址：http://www.ajinokura.co.jp/

▶ 由比內地雞做的親子丼，雞肉好嫩喔！

4. 橫手炒麵(Yokote Yakisoba)

　　在秋田橫手市這個地方，炒麵是非常普遍的小吃喔！在百貨公司的美食街或是路邊攤都可以看得到，口味也是小朋友非常喜歡的。橫手炒麵是日本在二次大戰之後，因為物資缺乏，所想出一道比較省錢的料理。用鐵板將特製的醬料、高麗菜、豬肉跟麵條一起炒，最後再放上一個最有名的比內地雞蛋！哇～～現在想到還是口水會流下來呢！

　　這種炒麵也可以買回家自己做喔，如果無法去秋田當地買的話，也可以在

網路訂購，真是方便啊！

5. 手打蕎麥麵長助(Teuchi Sobakiri Chosuke)

農家主人希望能追求真正的美味，他認為從完美的食材開始做起，才是王道。秋田的蕎麥用無農藥、無肥料方式栽培，非常健康自然，然後老闆將收割下來的蕎麥親自用石臼輾磨，製作成麵條。老闆的蕎麥涼麵非常好吃喔！

手打蕎麥麵長助旅遊資訊
價格：500円～900円左右
住址：仙北市角館町小人町28-5
電話：0187-55-1722
營業時間：AM11：00~PM16：00（冬季為
　　　　　AM11：30分~PM15：00）
　　　　　PM18：00~PM20：00（只有6~10月）
休息日：星期二（例假日仍然營業）
交通：從JR角館町站步行約20分鐘

超特別的蕎麥麵店，連壽司、沙拉都是麵做成的喔！

6. 過年麻糬(Toshiake Mochi)

我帶小孩去秋田時大概一月初，正好遇上過年期間。除了街道上隨處可見的過年

裝飾物，當地的旅館也會準備一些非常有年味的活動喔！我們就參加了「搗麻糬」的活動，這是日本人對觀光客表達祝福和歡迎的意思，是很有意義的活動喔！小孩子可以親手將糯米搗成QQ的麻糬，然後沾上花生粉或是紅豆沙吃，甜甜的很受小朋友喜歡呢！

自己搗出來的麻糬口感非常棒，
吃的到粗粗的米粒呢！

秋田名產網路訂購：http://www.rakuten.co.jp/actrise

7.山之蜂蜜屋(Yama-no-Hachimitsuya)

　　山之蜂蜜屋是秋田縣很有名的一間蛋糕店，這裡的蜂蜜蛋糕所使用的蜂蜜，採自八幡平深山中的野生梔子花蜜，具有非常高的營養價值，可以在附設的咖啡廳一邊喝咖啡一邊品嘗蜂蜜瑞士捲，是店內最有名的產品喔！

山之蜂蜜屋菓子工房旅遊資訊
地址：仙北市田澤湖生保內石神163-3
電話：0187-43-3888
營業時間：AM10：00~PM17：00（依季節變動）
營業期間：4月下旬~11月上旬營業，期間不定時休息
交通：從JR田澤湖站搭乘羽後交通巴士往乳頭溫泉等路線約10分鐘，在田澤湖橋站下車
網址：http://www.bee-skep.com/

8. 雷魚(Hatahata)

　　雷魚是秋田特有的魚類，冬季有現撈雷魚所作成的鹽漬雷魚火鍋與雷魚壽司，是所有饕客必嚐的美食。

磯乃家旅館(Isonoya Ryokan)

　　以最美味的方法料理當季食材，面向海港、古意盎然的旅館聞名，這間旅館是由製作鮮魚料理素負盛名的漁業公司所經營的，所以也有很多客人特地來此用餐，品嚐當季的魚貝料理。

磯乃家旅館旅遊資訊
住址：男鹿市船川港本山門前
電話：0185-27-2011
費用：一個人的價格約從3000円起跳。
營業時間：AM10：00~PM15：00（全年無休）
交通：從JR男鹿站開車約20分鐘抵達男鹿市船川港門前。
網址：http://www.489ch.com/akita/isonoya/

要怎麼去秋田呢？

1. 搭Hello Kitty專機

目前台灣沒有直飛秋田機場的班機，因此我去秋田時，是先飛到名古屋之後再轉機。我和小孩搭乘的是Hello Kitty專機喔！現在可是非常火紅而且受到小朋友歡迎，小朋友坐這種飛機都會覺得非常新奇，間接地也就忘了坐飛機的恐懼，比較不會吵鬧。

秋田機場距離秋田市區約15公里，除了到秋田市外，到秋田縣其他地方都很方便。此外，秋田縣北邊還有大館能代機場（秋田北機場日文拼音），前往能代、大館一帶時亦可加以多加利用。

除了從秋田機場到秋田車站，以及從大館能代機場到大館車站、能代車站的巴士之外，還有直接前往縣內主要觀光地的大型共乘計程車。共乘計程車皆為預約制，至少須於搭乘前一日預約，發車時間等詳細資訊請洽機場的詢問處，此外，可能依人數多寡決定駕駛一般計程車或大型計程車等。

計程車資訊
「愛・乘君」鷹巢計程車（"Ai - Nori Kun" Takanosu Taxi）
電話：0186-62-1411
網址：http://www.taxisite.jp/takataku/

丸宮計程車（Marumiya Taxi）
電話：0186-62-2030
網址：http://www.taxisite.jp/marumiya/

國內線飛機資訊
JAL（日本航空）
訂位專線：0800-065151、（02）8771-6003
網址：http://www.tw.jal.com/zhtw/

ANA（全日空）
訂位專線：（02）2521-5777
網址：http://www.anktw.com.tw/

2. 多種電車選擇

　　從東京出發，可以搭乘秋田新幹線「小町」(Akita Shinkansen - Komachi)，無須換車就可直達秋田，全車均為指定席，必須於事前預約。

　　欲前往秋田縣南方的湯澤、橫手，則可在大曲轉車，從「小町」改搭奧羽本線(Ouuhonsen)，或者搭乘山形新幹線「翼」(Yamagata Shinkansen - Tsubasa)至新庄轉車，改搭奧羽本線。

　　此外，若搭乘上野車站出發的寢台特快車「曙光」(Shindai Tokkyu - Akebono)，不僅可前往羽後本莊、秋田一帶，甚至連東能代、大館一帶也能直達，車上還有能平躺的「躺椅」車廂，只要憑特快車票就可以使用喔！

鐵道詢問處
JR東日本電話: 050-2016-1600
網址：www.jreast.co.jp

3. 坐快速巴士

快速巴士在價格上比起飛機或JR便宜了一大截,而且不需轉車就能直接抵達,若搭乘夜車則可在一大早抵達秋田縣境內,可多出一天的時間。前往大館方向只要利用盛岡至大館間的「陸奧號」(Shindai Tokkyu - Akebono),就可以比繞秋田一圈的新幹線快得多。此外,夜車與仙台出發的班車為預約指定制。

快速巴士詢問處

小田急城市巴士(odakyu-bus)…電話: 03-5438-8511
網址: http://www.odakyubus.co.jp/
國際興業巴士(kokusai sinko bus)…電話: 03-5917-8510
網址: http://www.kokusaikogyo.co.jp/index.html
相鐵巴士(aitetsu bus)…電話: 045-319-2149
網址: http://www.sotetsu.co.jp/group/
秋田中央交通(akita chu-o koutsu)…電話: 018-823-4890
網址: www.akita-chuoukotsu.co.jp
羽後交通(hago ko-tsu)…電話: 0182-32-9500
網址: www.ugokotsu.co.jp
秋北巴士(aki-hoku bus)…電話: 0185-52-4890
網址: www.oodate.or.jp/shuhoku/bus
JR巴士東北(JR bus touhoku)…電話: 022-256-6646
網址: http://www.jrbustohoku.co.jp/
宮城交通(miyagi ko-tsu)…電話: 022-261-5333
網址: www.miyakou.co.jp
岩手縣交通(iwateken ko-tsu)…電話: 019-654-2141
網址: www.iwatekenkotsu.co.jp
岩手縣北巴士(iwatekenhoku bus)…電話: 019-652-5151
網址: http://www.iwate-kenpokubus.co.jp/

4. 經濟實惠的優惠車票

秋田‧大館自由車票（JR東日本）

　　這個自由車票可在7天有效期間內在田澤湖、男鹿等秋田地區主要的觀光地區,加上弘前與五能線沿線組成的自由區間內自由上下車,可搭乘特快車的自由座位。要去秋田則可搭乘秋田新幹線「小町」的普通車指定席與特快車「曙光」。

出發地	價格
從東京都區內出發	28,100円
從橫濱市內出發	28,500円
大宮、川口、戶田公園	27,600円
松戶、取手	28,400円

＊要出發的車站售票口就可以購買了

5. 周遊券（JR）

　　供出發地至周遊區來回使用的「去程票」、「回程票」，與可在周遊區內不限次數自由搭乘的「區域票」所組成的套票，從出發地與周遊區的入口、出口站間的來回各可搭乘JR線。

　　若要在秋田縣境內旅遊，可以選擇「田澤湖·十和田湖區（3,370日幣）」相當方便，「區域票」的有效期間是5天內。盛岡到秋田之間的秋田新幹線只要有空位就可以坐，不需要買特快車票。使用條件等詳細資訊請洽JR各主要車站。

6. 五能線通行票（JR東日本）

　　以秋田或青森為起點，可於兩日內自由搭乘五能線沿線的普通車、快速列車，快速列車「Resort白神」的指定席也不用追加費用就可以乘坐，依自由區間分為3種：

　　（A）秋田~青森間的奧羽本線與五能線全線5,000日幣

　　（B）秋田~東能代~深浦~千疊敷間3,000日幣

　　（C）青森~東能代間的奧羽本線與五能線全線3,200日幣。

　　於JR東日本秋田、盛岡、仙台區域主要車站的綠色窗口等販售。

7. 假日自由車票（秋田內陸縱貫鐵路）

　　可在秋田內陸縱貫鐵路（角館~鷹巢）全線上，於星期六、日或例假日在1天內自由搭乘的優惠票，也可搭乘使用豪華車廂的急行列車「Moriyoshi號」，2,000日幣。可以至秋田摩巢車站內的秋田內陸線旅行中心；或是阿仁合車站的旅行窗口購買。

PART 6

時尚媽咪親子旅遊私房秘技

親子旅遊私房秘技
讓你跟孩子玩得更開心

跟小孩一起出遊固然很開心，但是有許多小細節要注意，爸爸媽媽們一定會感到非常緊張不安吧？不過沒有關係！在這裡我要跟大家分享自己帶小孩出國旅遊時的小經驗，只要依循著下列的守則，絕對可以開心又放心地出遊喔！

1. 讓孩子在自然中玩耍

對小孩來說，感官上的刺激是最直接的喔！無論是眼睛看到的或是耳朵聽到的，都會激發他們的好奇心。所以親子出遊最優先考慮的就是小孩子能不能從中體驗到什麼呢？而且激發小孩的好奇心，也可以讓他有所成長，挑選行程時，這絕對是不可忽視的考量重點呢！

從很小的時候開始，爸媽就可以讓小孩接觸自然的土地，家附近的公園或是操場等等，讓他們可以自由奔跑的空間，都會讓小孩覺得非常有趣又自由喔！當我們出國遊玩時，也可以盡量帶小孩接觸大自然，像是郊區、海水浴場、森林遊樂區……等等，對小孩的身心發展有非常好的幫助。

時尚媽咪
小可嚀

光著腳丫子在土地或是草地上走路是不會痛的，但是要先確認有沒有玻璃碎片或釘子等尖銳物，以免刺傷了小朋友的腳！而且絕對要注意安全，任何時候都可能會有事故發生，千萬不可以讓孩子離開你的視線喔！
出國旅遊就是想讓孩子看到不同的生活方式，挑戰各種不同的事物！建議爸爸媽媽們可以挑選具有「體驗課程」活動的地點，讓小孩子從做中學，比單純的走馬看花更能增添樂趣！

體驗型的行程

體驗課程	內容	適合年齡
手工實作	摺紙、繪畫、捏黏土等創作活動，也可以做麵包自己吃喔！目的不是要讓孩子做出好的作品，而是培養他的概念與感性！	三歲以後。
收穫體驗	根據當令時節，可以親子一起參加挖蕃薯或是採草莓、摘蘋果等活動，也是非常寶貴的經驗呢！若是孩子還小，採收工具最好讓大人來使用，讓小孩做他們能做的事即可。	三歲以後。

時尚媽咪親子旅遊小技巧

事前準備

預防小朋友迷路的萬全準備！

　　到了人多的場所，很容易和孩子走散，千萬要注意，絕對不要讓小孩獨自行動，一定要牽著小孩，也不要把弟弟妹妹託付給一樣是小孩的哥哥姊姊照顧。

　　我帶兩個兒子出門旅遊時，都會讓兩個兒子穿上相同、或是同款不同色的衣服，不但讓人一眼就可以看出是感情很好的兩兄弟，萬一有一個小孩不見了，在尋找的時候就可以指著另外一個孩子問：「請問你有沒有看見和他穿一樣衣服的小孩？」這樣只要有人曾經看過類似衣著的小孩，就會印象深刻。

選擇家長也可以開心參與的地點

　　在規劃出遊計畫時，如果都是為了小孩而設計行程的話，可能會造成父母的壓力喔！像是擔心：「小朋友好像沒有玩得很開心」、「小孩都坐在嬰兒

車內睡覺真可惜」等想法，如果父母也可以抱著轉換心情的態度去規劃親子出遊，盡量安排大人小孩都可以一起參與的地點，這樣就可以享受「真是太好玩了！下次還要再來！」的快樂親子遊喔！甚至想到行程就要結束，還有失落感覺呢！

事前蒐集資料是成功的關鍵

有什麼好玩的地方？可以做什麼活動？哪裡有好吃的？……等問題，都是在規劃行程時非常苦惱的事情，事先收集好資料，就能夠避免突發狀況的發生，完善的事前準備是完美旅程的關鍵！

現在網路上或是雜誌上有非常多介紹旅遊的資訊，但是不一定完全正確，也有可能是比較舊的資料，所以最好可以事前打電話確認，免得到達以後才發現與資料不符喔！

時尚媽咪推薦

親子旅行網址

日本遊樂場檢索：http://vivakids.jp/

家族旅遊完全情報：http://www.hashii.com/trip/

享受節約的樂趣

出國旅遊是很花錢的，對父母來說，要負擔一整個家庭的開銷，不能不從中尋找一些可以節省又不會因此而影響出遊計畫的小撇步，其實可以從很多小地方開始著手喔！

日本的遊樂區或是觀光景點都有精美的網址，這些網址上除了提供遊樂和交通資訊以外，還會有很多優惠券喔！甚至還有專門提供優惠券資訊的網址，只要列印優惠券，就可以獲得打折或是免費的禮物等等，只要事先列印好帶去日本使用即可。

不要將行程排得太滿

因為出國旅遊非常難得，以致於大家常常在事前準備時東加一個行程、西加一個行程，覺得哪個地點都不想錯過，雖然行程安排的很豐富，可是這樣很容易忽略掉小孩子的體力問題！親子旅遊的行程，要安排得比大人出遊的計畫來的寬鬆會比較好喔！如果是一日來回的行程，可以挑選搭電車在一個小時內車程，若是兜風旅行，也要記得停下來休息一下、伸伸筋骨喔！

出發前先確認路線

當我們去一個不熟悉的地方旅行，最好還是先查好路線，我都會先利用網路查好地圖、路線，日本的雅虎網址「路線情報」，不但會清楚告訴你如何轉車，還有詳細的列車時間、大約要坐多久……等等細節，所以每次去日本前我都會非常依賴這個網址呢！跟小孩一起出遊先規劃路線，孩子就不容易感到厭煩，也比較不會在人生地不熟的時候，卻發生迷路的狀況，這樣才能開開心心出門，平平安安回家！

日本Yahoo短線情報：http://transit.yahoo.co.jp/

時尚媽咪
小叮嚀

Q：出門之前身體狀況變差了怎麼辦？

如果一定要出門的話，可以先到小兒科去拿退燒藥、感冒藥跟暈車藥等預防藥品的處方籤。事先調查好當地醫院等醫療機構的地址與聯絡方式，也會比較安心。但是，如果出現38度C以上的高燒，或是比吃飯次數還多的腹瀉情形，還是取消外出的計畫比較好。

林葉亭 達人家の幸福自由行

突發狀況如何解決

愉快地度過通車時間

　　帶著小朋友的話,最好的座位是離廁所比較近的位置。如果帶著還在喝奶的小嬰兒,建議媽媽們可以選擇接近「多功能室」的位置,會比較方便喔!「多功能室」設置在日本新幹線特急上,當有人覺得身體不舒服或是嬰兒需要哺乳的時候可利用的個人空間,因為可以從裡面上鎖,所以媽媽能夠安心的哺乳。

　　而搭乘電車的時候,如果有攜帶嬰兒車,要記得事先確認車站內的構造以及電梯的位置。還有,學齡前兒童搭乘電車自由席是免費的喔!

在車上遇到小朋友突發狀況!

症狀	解決!
上廁所	注意小朋友上廁所的時間是很重要的。有時候小孩會因為貪玩而不想去廁所,這種時候就要設法引起他的興趣,在固定時間帶他去上廁所。
暈車	當小孩感到噁心、冒冷汗等暈車症狀出現時,馬上下車是第一件該做的事。只要下車的話狀況大多都會好轉。如果不能馬上下車,就打開窗戶呼吸新鮮空氣、看著遠方、身體會感到輕鬆一些。當然事先準備暈車藥也是必要的,乘車前一天有充足的睡眠,上車前只吃八分飽也可以預防暈車喔!如果有選擇的話,搭電車會比搭巴士舒服。
哭鬧	搭乘長途車的時候,小孩子經常不耐煩而哭鬧,要先了解他是為什麼而哭,是餓了想上廁所、暈車,或是不耐煩?弄清楚原因後再對症下藥。為了讓孩子有耐心,我會在搭車前先打預防針,告訴他們這趟車程要搭多久,幾點會到,有了預期心理後他們就會比較容易接受。我不鼓勵小孩在車上睡覺或打電玩,而會跟他們玩一些像是接龍一樣的小遊戲,分散他們的注意力,或是一起看窗外的風景,跟他們分享自己過去旅途上的小故事,這樣他們會覺得很有趣,也比較不會無聊。

住宿時遇到小朋友突發狀況!

狀況	解決!
尿床	帶Baby出國,尿布是必備的,如果想減輕行李負擔,可以隨身帶幾件,到了日本當地再添購需要的份量,放在飯店中。如果是帶五歲以下的小孩出國,最好準備一件可以重複使用的紙尿褲,比較輕便,也可以避免孩子尿床造成困擾。
半夜餓了	有時候玩得很累,到了晚上特別容易餓肚子,要再出門吃宵夜很麻煩,所以準備一些可以充飢的食品是必備的。爸爸媽媽可以在回到飯店前先去便利商店買一兩樣東西,像水、泡麵、甜點都很適合。當然,最好吃又方便的就是日本泡麵,口味多又齊全,大人小孩都很愛喔!

不肯睡	出門在外，小朋友很容易因為興奮過度或認床而睡不著，可是如果第二天要繼續完的開心，還是要乖乖睡覺才能養精蓄銳喔！每個爸爸媽媽都有處理這種狀況的小秘訣，我的方法是讓小孩選擇要打到累、罰站到累還是乖乖上床，當然他們都會選擇上床，如果還鬧的話就罰站，還挺有效的喔！

小朋友生病時的緊急應變

　　出外遊玩時最怕遇到小孩受傷或是生病，這個時候家長一定要冷靜，不要大驚小怪，只要明確知道解決對策的話，就可以不慌不忙的解決囉！

症狀	應變
發燒	先讓孩子安靜下來，觀察他的樣子 首先用溫度計測量孩子的正確溫度。用折好的毛巾或是去便利商店買可以瞬間冷卻的貼布來降低體溫，記得要補充水分。 如果真的是38度以上的高燒，就要去附近的小兒科就診。如果剛開始測量的體溫只是偏高，但休息三十分鐘之後還是持續升高的話也要馬上就醫。
受傷	擦傷→用水龍頭乾淨的水清洗 先不要在傷口擦藥，利用水龍頭的水壓好好地沖洗傷口，然後小心地取出土或是沙子，注意不要再磨擦傷口，然後用消毒水消毒後，仔細包紮。 割傷→注意要確認傷口的深度 如果傷口很淺的話，就先用水清洗，消毒過後再用紗布押住止血。止血之後，再細心地用OK繃包紮。 如果傷口很深的話，要把傷口抬得比心臟高，然後用紗布用力押住整個傷口大約十分鐘止血。
跌打損傷	手腳→先冷卻受傷的部位 不要亂動受傷的部位，然後用濕毛巾冷卻大約三十分鐘。傷痛減輕了之後，如果還有浮腫狀況，可以用毛巾固定患部，不要亂動。如果一直不消腫的話，就要去就醫。 胸部腹部→輕鬆的姿勢 首先不要亂動，解開孩子身上的衣物。如果吐了的話就要馬上送醫。 頭→馬上哭的話可以稍微安心 被打之後馬上哭出聲、意識清醒的話就讓他安靜下來觀察半天。有腫起來的話就用冰敷。如果頭一直很腫，軟綿綿的或是出現喘氣、抽筋都要趕緊送醫。
流鼻血	讓孩子以輕鬆的姿勢坐好再進行照顧 將鼻子下部強力捏住止血，過一會之後用團狀的衛生紙塞住觀察情形。為了避免鼻血流到喉嚨裡面，睡覺的時候要側躺著睡。
嘔吐	先讓孩子安靜下來，觀察他的樣子 先確認孩子在吐之前肚子或是胸部有沒有被打到，如果是因為被打到而出現一直嘔吐的情況就要馬上送醫。如果只是吐一次的話，就趕快補充水分再觀察狀況。
拉肚子	如果只是輕微腹瀉的話就沒有問題 如果只有一次輕微的腹瀉的話可以先觀察情形，讓小孩吃一些好消化的食物，也不要忘了補充水分。如果持續不停拉肚子，就要馬上就醫。
噎到	呼吸困難要馬上急診 這類情形通常出現在年紀較小的嬰兒身上，如果發生噎到的情況，要將嬰兒的頭朝下然後以平手敲他的背部，直到嬰兒把東西吐出來為止。如果情況都沒有好轉，出現呼吸困難的話就要馬上送醫。

附錄1 簡單日文教學：

交通類會話：

我要預約兩張往東京的全票，一張兒童票。

東京行きのチケット2枚を予約します、1枚は子供切符です。

Tokyo yuki no chiketto nimai wo yoyaku shimasu,ichimai wa kodomo kippu desu.

經濟艙還有位置嗎？

エコノミーの席はまだありますか？

ecomony no seki wa mada arimasuka?

我要靠窗口的座位。

窓側の席でお願いします。

Madogawa no seki de onegaishimasu.

有沒有接駁巴士？

接続のバスはありますか？

setsuzoku no bus wa arimasuka?

要去哪裡搭計程車？

タクシー乗り場はどこですか？

Takushi noriba wa dokodesuka?

我可以索取時刻表嗎？

時刻表もらえますか？

Zikokuhyou moraemasuka?

我想去東京鐵塔，該怎麼去呢？

東京タワーに行きたいですが、道を教えてください？

Tokyo tawa ni ikitaidesuga, michi wo oshietekudasai

售票處在哪裡？

切符売り場はどこですか？

Kippu uriba wa dokodesuka?

小孩要門票嗎？

子供は入場券を要しますか？

Kodomo wa nyuzyouken wo irimasuka?

新幹線的月台在哪裡？

新幹線の乗り場はどこですか？

Shinkansen no noriba wa dokodesuka?

我要去迪士尼樂園。

ディズニーランドに行きます。

Disney ranndo ni ikimasu.

我們已經到囉！

請問往台場的巴士要在哪裡搭？

お台場行きのバス乗り場はどこですか？

Odaiba yuki no basu noriba wa dokodesuka?

最後一班車是幾點？

終電車は何時ですか？

Syuudensya wa nanzidesuka?

請在下一站讓我下車。

次の駅で降ります。

Tsugi no eki de orimasu.

請到這個地址。

この住所までお願いします。

Kono zyusyo madeonegaIshimasu.

我趕時間，請開快一點。

急いでください。

IsoIdekudasai.

字彙：

中文	日文	羅馬拼音
空席	くうせき	Ku u se ki
滿員	まんいん	Man in
航空券	こうくうけん	Kou ku u ken
行李	にもつ	Nimotsu
予約	よやく	Yoyaku
自由席	じゆうせき	Zi yuu seki
小孩	こども	Kodomo
地鐵	地下鉄	Chikatetsu
火車	鉄道車両	Tetsudou Sharyou
租車	レンタルカー	Rental Car
機票	航空券	Koukuken
月台	フォーム	Form

售票處	きっぷうりば	Kippu Uriba
巴士	バス	Bus
接駁巴士	連絡バス	Renraku Bus
全票	大人	Otona
半票	小児	Shyouni
新幹線	新幹線	Shinkansen
來回票	往復券	Oufuku-ken
停車場	駐車場	Chyushajou

點餐、美食類會話：

請享用！

這附近有什麼好吃的餐廳嗎？

この近くにはおいしい料理屋さんありますか？

Kono chikaku ni wa oishii ryouriyasan arimasuka?

兩個大人，兩個小孩，禁煙區。

大人二人、子供二人、禁煙席をお願いします。

Otona futari, kodomo futari, kinen seki wo onegaishimasu.

請給我菜單。

メニューをください。

Menu wo kudasai.

請幫我們點餐。

すみません、注文をお願いします。

Sumimasen, cyumon wo onegaishimasu.

推薦餐點是什麼？

お勧めはどれですか？

Osusume wa doredesuka?

有沒有兒童餐？

子供セットありますか？

Kodomo setto arimasuka?

請給我這個。

これをください。

Kore wo kudasai.

請給我跟他相同的東西。

あれと同じ料理をください。

Are to onazi ryouri wo kudasai.

我要外帶。

テイクアウトします。

Teikuauto shimasu.

我要在這裡吃。

ここで食べます。

Koko de tabemasu.

可以續杯嗎？

お代わりもらえますか？

Okawari moraemasuka?

請給我加水。

水をください。
Mizu wo kudasai.

請給我調味料。

調味料をください。
Cyoumiryou wo kudasai.

有熱開水嗎？

お湯もらえますか？
Oyu moraemasuka?

請給我多一副餐具。

もう一人分の食事のセットを用意してください。
mou hitoribun no shokuji no set wo youi sitekudasai.

我想要小盤子。

小皿を下さい。
kozara wo kudasai.

元気十足！

菜還沒好嗎？

注文したものはまだですか？
Cyumon shita mono wa mada desuka?

肉沒有煮熟。

この肉は煮えてません。
Kono niku wa nietemasen.

請把盤子收走。

お皿を下げてください。

osara wo sagete kudasai.

附餐可以上了。

セットのものを出してください。

set no mono wo dasite kudasai.

吃不完可以打包嗎?

テイクアウト出来ますか?

Teikuauto dekimasuka?

我要結帳。

お勘定をお願いします。

Okannzyou wo onegaishimasu.

要服務費嗎?

サービスチャージは必要ですか?

Sa-bisu cya-zi wa hitsyuyou desuka?

YA！

總共多少錢?

いくらですか?

Ikuradesuka?

你算錯了。

間違えてます。

Machigaetemasu.

剩下的當小費。

おつりはいりません。

otsuri wa irimasen.

字彙：

中文	日文	羅馬拼音
甜味	あまみ	amami
燒鳥	やきとり	yakitori
蝦子	えび	ebi
稻荷壽司	いなりずし	inarizushi
蛋	たまご	tamago
鐵火卷	てっかまき	tekkamaki
冷麵	れいめん	reimen
穴子	あなご	anago
便當	お弁当	Obentou
壽司	すし	Sushi
爆米花	ポップコーン	Popcorn
拉麵	ラーメン	Ramen
蛋包飯	オムライス	Omuraisu
燒肉	焼き肉	Yakiniku
醬菜	漬け物	Tsukemono
煙燻蘿蔔蓋飯	いぶりがっこ丼	Iburigakko-don
火鍋	鍋	Nabe
紫蘇葉絲	刻みシソの葉	Kizami-shisonoha

蔥	ネギ	Negi
生薑泥	生姜おろし	Shouga-oroshi
海苔	のり	Nori
親子丼	親子丼	Oyako-don

購物類會話：

哪裡有紀念品店？

記念品ショップはどこですか？
Kinenhin syoppu wa dokodesuka?

幾點開始營業？

何時から営業しますか？
nanji kara eigyo simasuka?

我在找小孩用品。

子供用品をさがしています。
Kodomo youhin wo sagashiteimasu.

女裝部在幾樓？

レディスは何階にありますか？
Ledisuwa nankai ni arimasuka?

電梯在哪裡？

エレベーターはどこですか？
Erebe-ta- wa dokodesuka?

可以讓我看一下這個東西嗎？

これを見せてください。
Kore wo misete kudasai.

我想試穿看看。

試着したいです。
Shicyaku shitai desu.

多少錢？

いくらですか？
Ikuradesuka?

我要買這個。

我們的紀念品！

これを買います。
Kore wo kaimasu.

可以刷卡嗎？

カードは使えますか？
Ka-do wa tukaemasuka?

可以使用折扣券嗎？

クーポン券使えますか？
Ku-ponken tukaemasuka?

可以使用禮券嗎？

商品券使えますか？
Syouhinken tsukaemasuka?

可以算我便宜一點嗎？

安くしてもらえませんか？

Yasukushite moraemasenka?

請問這個可以免稅嗎？

免税になりますか？

Menzei ni narimasuka?

我要辦免稅。

免税を申請したいです。

menzei wo sinsei sitaidesu

請給我收據。

レシートをください。

Reshi-to wo kudasai.

我要退貨。

返金してもらえますか？

Henkin shitemoraemasuka?

字彙：

中文	日文	羅馬拼音
折扣	わりびき	waribiki
商品券	しょうひんけん	syouhinken
階段	かいだん	kaidan
戡定	かんじょう	kanzyou

伴手禮	手土産	temiyage
護身符	お守り	omamori
衣服	衣服	ifuku
香水	香水	ko-sui
化妝品	化粧水	kesho-sui
首飾	ネックレス	necklace
名產	名産	meisan

住宿類會話：

我要訂一間雙人房，加一張床。

ダブルルームの予約お願いします。
Double room no yoyaku onegaisimasu.

有空的房間嗎？

空いてる部屋はまだありますか？
Aiteru heya wa mada arimasuka?

一個晚上多少錢？

一泊でいくらですか？
Ippaku de ikuradesuka?

有供餐嗎？

ここで食事はできますか？
kokode shokuji wa dekimasuka?

這裡是123號房，房間的水龍頭壞了。

ここは123ルームです。部屋の蛇口が壊れました。
Koko wa 123 ru-mu desu, heya no hebiguchi ga kowaremashita.

電視不能看。

テレビは故障しています。
Terebi wa kosyoushiteimasu.

浴室的馬桶壞了。

トイレの便器が壊れました。
Toire no benki ga kowaremashita.

天花板在漏水，可以換一間嗎？

天井が水漏れていますから、部屋を変更したいんです？
Amai ga mizumoreteimasukara, heya wo henkou shitaidesu?

熱水沒了。

お湯が出ません。
Oyu ga demasen.

可以送洗衣物嗎？

クリーニング出来ますか？
Kuriningu dekimasuka?

有吹風機嗎？

ドライヤーがありますか？
Doraiya ga arimasuka?

請幫我打掃房間。

部屋の掃除お願いします。
Heya no souzi onegaishimasu.

鑰匙留在房間裡了，有備份鑰匙嗎？

鍵を部屋の中に忘れました？。
Kagi wo heya no naka ni wasuremashita?

附近有沒有什麼觀光名勝？

この付近に観光名所はありますか？
kono fukin ni kanko-meisho wa arimasuka?

我要退房。

チェックアウトお願いします。
Chekku auto onegaishimasu.

行李可以寄放到明天嗎？

荷物は明日まで預かってください？。
Nimotsu wa ashita made azukattekudasai?

字彙：

中文	日文	羅馬拼音
有料	ゆうりょう	yuuryou
無料	むりょう	muryou
一泊二日	いっぱくふつか	ippaku futsuka
朝食	ちょうしょく	cyousyoku

部屋	へや	heya
毛布	もうふ	moufu
馬桶	便座	Benza
水龍頭	蛇口	Jaguchi
吹風機	ヘアドライヤー	Hair Drier
鑰匙	キー	Key
退房	チェックアウト	Check Out
訂房	宿泊予約	Shukuhaku Yoyaku
漏水	水漏れ	Mizumore
天花板	天井	Tenjou
行李	にもつ	nimotsu

景點類會話：

有沒有詳細景點介紹資訊？

観光スポットのパンフレットはありますか？

Osusume no basho wa arimasuka?

那裡有旅遊諮詢櫃檯？

観光案内カウンターはどこですか？

kanko-annai counter wa dokodesuka?

哪裡可以寄送行李？

どこで荷物を送れますか？

dokode nimotsu wo okuremasuka?

要花多久的時間？

時間はどのくらいかかりますか？

jikan wa donokurai kakarimasuka?

有什麼好玩的地方可以推薦？

お薦めの場所はありますか？

osusume no basho wa arimasuka?

有什麼好吃的可以推薦？

お薦めの食べ物はありますか？

Osusume no tabemono wa arimasuka?

住在哪裡比較便宜呢？

安く泊まれるところはありますか？

Yasuku tomareru tokoro wa arimasuka?

會不會很遠？

遠いですか？

Toi desuka?

要搭什麼車？

どの車に乗ればいいですか？

Dono kuruma ni noreba iidesuka?

我要怎麼去這個地方？

ここへ行くにはどうしたらいいですか？

Koko e ikuniwa dositara iidesuka?

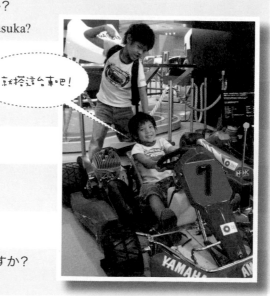

我要怎麼訂車票？

どのようにチケットを予約したらいいですか？

Donoyoni ticket wo yoyaku sitaraiidesuka?

我要怎麼買票？

チケットを買うにはどうしたらいいですか？

Ticket wo kauni wa dousitara iidesuka?

＊ 關於景點的字彙，本書的附錄五中，有做詳細的索引，歡迎讀者查閱

突發狀況類會話：

這附近有醫院或藥房嗎？

この近くに病院や薬屋がありますか？

Konochikaku ni byouin ya kusuriya ga arimasuka?

我的小孩發燒了。

子供は熱が出てます。

Kodomo wa netsu ga detemasu。

我要買退燒藥跟胃藥

解熱剤と胃薬を下さい。

Genetsuzai to igusuri wo kudasai.

不好意思，我想問路

すみません、道を聞きたいです。

Sumimasen, michi wo kikitaidesu.

我迷路了

道に迷いました。

Michi ni mayoimasita.

這裡是哪裡呢？

ここはどこですか？

Koko wa dokodesuka?

我打電話問一下唷！

救命！

助けて！

tasukete

警察局在哪裡？

警察署はどこですか？

Keisatsusyo wa dokodesuka?

我的護照掉了。

パスポートはなくなりました。

Pasupo-to wa nakunarimashita.

可以幫我拍照嗎？

写真を撮ってください。

Syashin wo totte kudasai.

只要按這個鍵就好了

このボタンを押すだけでいいです。

kono button wo osudakede iidesu.

笑一個吧！

可以跟我們一起拍張照片嗎？

一緒に写真を撮ってください。
Issyoni syashin wo totte kudasai

謝謝你的幫忙

ありがとうございます
Arigatougozaimasu

字彙：

中文	日文	羅馬拼音
感冒藥	風邪薬	Kazegusuri
醫院	病院	Byouin
退熱劑	解熱剤	Genetsuzai
廁所	トイレ	Toilet
醫生	医者	Isha
護士	看護師	Kangoshi
道路救援	路上救援サービス	Rojou Kyuen Service
拋錨	路上故障	Rojou Koshou
藥房	薬局	Yakkyoku
護照	パスポート	Passport

附錄2 方便好用的表格：

日期	第一天	第二天	第三天	第四天	第五天
地點					
詳細景點					
交通方式					
住宿					
預算					
備註					

林葉亭 達人家の幸福自由行

一日遊物品清單CHECK！ ☑

☐ 點心	夏天物品
☐ 飲料、水壺	☐ 防曬用品
☐ 方便攜帶的玩具、繪本	☐ 防蚊液
☐ 雨衣	☐ 玩水用品
☐ 毛巾毛毯	☐ 泳衣
☐ 圍兜兜	
☐ 相機	冬天物品
☐ 塑膠袋	☐ 圍巾
☐ 太陽眼鏡	☐暖暖包
☐ 濕紙巾	

☐ S型鉤 （有娃娃車好用，可以在上面掛東西）

☐ 迷路小孩卡（小朋友還小的話一定要準備）

☐ 夾鍊袋

☐ 暈車藥

☐ 腸胃藥

☐ 個人藥物

☐ OK繃

☐ 消毒液

☐ 瞬間冷卻貼布

☐ 體溫計

附錄3 Judy媽咪Q&A：

1. 如果沒有自由行的經驗，要怎麼去執行呢？

　　自由行其實不是那麼困難，只要有充足的事前準備，自由行一樣可以玩得很開心，書中也提供了許多資訊讓讀者做參考，教導大家如何一步一步來。

2. 想去日本自由行，不會日文怎麼辦？

　　其實日文中有很多漢字，對於我們來說是一大福音，只要看得懂句中的漢字，就能瞭解大意了！而且在書中附有會話和單字的資訊，以及景點的索引，很方便實用喔！

3. 為什麼是從日本關東為開始呢？

　　日本是親子旅遊的好地點，環境好、交通便利，自由行的初學者在這樣方便的國家，玩起來也會順手許多，加上日本的網址旅遊資訊都很豐富，是入門的好去處，至於其他自由行的好地點，有機會也可以介紹給大家。

4. 自由行會比較便宜嗎？

　　在準備自由行時，決定了想要去的地點，就可以去蒐集相關的情報，日本的旅遊情報很發達，各地會因應時節推出不同的優惠方案，查資料貨比三家還是值得的喔！

5. 在日本自行開車會不會有問題？

　　在日本開車只有駕駛座在右方的困擾，但是只要花時間熟悉一下就沒問題啦！套句日本人說的話：「在台灣都能開車了，在日本開車沒什麼困難」

6. 自由行有什麼好處？

　　大家一定遇過，想要去旅行，參考了旅行社的包套行程，卻發現想去的幾個地方，被分別包在不同的套裝裡面，既然如此，不如嘗試一下自由行吧！行程不但可以自己安排，時間也可以自己掌控，一舉數得喔！

7. 自由行能得到的是什麼？

　　自由行可以從一開始在企畫的時候就開始體驗，在策劃的過程中，重點不是要省下多少錢，而是瞭解自己想要什麼，將想要的行程融合在旅程中，並且在旅程中獲得無形的勇氣，那是一種自己踏出台灣，向世界接軌的過程，雖然可能會比跟團要花更多的時間，但是從中獲得的東西是珍貴而無價的。

附錄4 重要節慶一覽表：

地點	節慶名稱	時間
關東：櫪木縣日光市「二荒山神社」	彌生祭	4月16日、17日
關東：櫪木縣日光市「日光東照宮」	日光春季例大祭	5月17日、18日
關東：櫪木縣日光市「日光東照宮」	日光東照宮祭秋季大祭	10月17日
關東：埼玉縣秩父市 秩父神社（埼玉縣秩父市番場町1-1）	秩父夜祭	12月2、3日
關東：東京國際展覽館 東京都江東區有明	新年首次消防演習會	1月6日
關東：東京神田明神 東京都千代田區外神田	神田祭	距5月15日最近的周六和周日
關東：東京淺草神社 東京都台東區淺草	淺草三社祭	5月第三周的星期五、星期六和星期日
關東：東京「日枝神社」 東京都千代田區永田町	山王祭	6月10日～16日
關東：東京都台東區、墨田區【第1會場】櫻橋下游至言問橋上游；【第2會場】駒形橋下游至廐橋上游	隅田川花火大會	7月的最後一個周六（遇小雨如期進行，如遇暴風大雨則順延）
關東：東京都大田區 池上本門寺（東京都大田區池上1-1-1）	池上本門寺御會式（=日蓮上人忌日法會）	10月11～13日

關東：東京都內各處 鷲神社（台東區千束3-18-7）等地	酉市	11月酉日（"酉日"每年不同，請參照日本年曆）
關東：東京都港區 泉岳寺（東京都港區高輪2-11-1）	義士祭	12月13、14日
關東：東京都台東區 淺草寺（東京都台東區淺草2-3-1）	羽子板市	12月17～19日
關東：神奈川縣鎌倉市「鶴岡八幡宮」 神奈川縣鎌倉市雪之下	鎌倉祭	4月的第2個星期日至第3個星期日
關東：神奈川縣鎌倉市 鶴岡八幡宮（神奈川縣鎌 倉市雪之下2－1－31）	鶴岡祭	9月14～16日
關東：神奈川縣箱根町 神奈川縣足柄下郡箱根町湯本溫泉街	箱根諸侯巡遊（日語稱「箱根大名行列」）	11月3日
關東：秋田「太平山三吉神社」 秋田市赤沼	梵天祭	1月17日
關東：秋田橫手市政府 前　道路公園等地 秋田縣橫手市	橫手雪屋節	2月15日～16日
關東：秋田縣秋田市 秋田縣秋田市竿燈大街（山 王十字路～二丁目橋）	秋田竿燈節	8月3～6日
關東：秋田縣男鹿市 男鹿半島全域（秋田縣男鹿市）	男鹿生剝鬼節	12月31日

※以上資訊依照地名排列

林葉亭 達人家の幸福自由行

附錄5 索引：

比內地雞
比内地鶏
Hinaijidori

王子飯店
軽井沢プリンスホテル
Prince Hotel Karuizawa

王子飯店OUTLET廣場
軽井沢・プリンスショッピングプラザ
Karuizawa Prince Shopping Plaza

王子飯店滑雪場
軽井沢プリンスホテルスキー場
Prince Snow Resort Karuizawa

筆劃：五劃

台場
お台場
Odaiba

台場海濱公園站
お台場海浜公園駅
Odaiba-kaihinkoen Station

生剝立像
なまはげ立像
Statue of Namahage

生剝館
なまはげ館
Namahagekan

田澤湖高原渡假村
休暇村田沢湖高原
Resort Village Tazawako Palteau

田澤湖區及角館
田沢湖エリアと角館
Tazawako Area and Kakunodate

白根山高原
白根山高原
Shiranesan Kogen

白鳥飛來地
白鳥飛来地
Hakucho Hiraichi

白絲瀑布
白糸の滝
Shiraito-no-taki

筆劃：六劃

仿古式觀光巴士
レトロバス
Retrobus

光速號
ひかり
Hikari

回聲號
こだま
Kodama

多彩城
パレットタウン
Palette Town

多摩中心站
多摩センター駅
Tama Center Station

多摩單軌電車
多摩モノレール
Tama Monorail

多摩賽車樂園
多摩テック
Tama Tech

有何不可雲霄飛車
ええじゃないか
Eejanaika

有明站
有明駅
Ariake Station

東京Metro地鐵
東京メトロ
Tokyo Metro

東京太陽之路廣場大飯店
サンルート　プラザ東京
Sunroute Plaza Tokyo

東京巨蛋城
東京ドームシティアトラクションズ
Tokyo Dome City Attractions

東京多摩市
東京多摩シティ
Tokyo Tama City

東京多摩動物園
多摩動物公園
Tama Zoological Park

東京迪士尼‧海洋海景大飯店
東京ディズニーシー・ホテルミラコスタ
Tokyo DisneySea
Hotel MIraCosta

東京迪士尼樂園大飯店
東京ディズニーランドホテル
Tokyo Disneyland Hotel

東京夏日樂園
東京サマーランド
Tokyo Summerland

東京灣大倉飯店
ホテルオークラ東京ベイ
Hotel Okura Tokyo Bay

東京灣喜來登大飯店
シェラトン・グランデ・ト
Sheraton Grande Tokyo Bay

東京灣舞濱大飯店
東京ベイ舞浜ホテル
Tokyo Bay Maihama Hotel

東急東京港灣飯店

東京ベイホテル東急
Tokyo Bay Hotel Tokyu

武家屋敷—石黑家
武家屋敷・石黒家
Bukeyashiki – Ishiguroke

武藏野線
武蔵野線
Musashino Line

河口湖
河口湖
Kawaguchiko

河口湖山麓公寓飯店
河口湖コンドミニアムホテル山麓
Kawaguchiko Condominium Hotel
Sanroku

河口湖天上山公園纜車
河口湖天上山公園かちかち山ロープウェイ
Kawaguchiko Tennjouyama Kouen
Kachi-kachi-yama Ropeway

河口湖音樂盒森林
UKAI河口湖オルゴールの森
UKAI Kawaguchiko Music Forest

河口湖香草館
河口湖ハーブ館
Kawaguchiko Herb-kan

河口湖原野中心
河口湖フィールドセンター
Kawaguchiko Field Center

河口湖鄉村小木屋
河口湖カントリーコテージ
Kawaguchiko
Country Cottage

河口湖猿劇場
河口湖猿まわし劇場
Kawaguchiko Monkey Performance

林葉亭 達人家の幸福自由行

國立科學博物館
国立科学博物館
National Museum of Nature and Science

國際牌(Panasonic)未來家電科技展示中心
パナソニックセンター東京
Panasonic Center Tokyo

御台場、有明一日券
お台場・有明ぐるりきっぷ
Odaiba-Ariake Gururi Kippu

御座石神社
御座石神社
Gozanoishi Jinja

御殿場
御殿場
Gotemba

淺間高原
浅間高原
Asama Kogen

淺間高原之旅
浅間高原ハイライトコース
Asama Kogen highlight course

淺間高原爽朗之旅
Asama Kogen refreshing course
Asama Kogen refreshing course

通信中心站
テレコムセンター駅
Telecom Center Station

都營巴士一日券
都バス一日乗車券
Toei Bus Ichinichi Josya Ken

都營地下鐵
都営地下鉄
Toei Subway

陸奧號
特急むつ

Tokkyu Mutsu

筆劃：十二劃

寒風山旋轉瞭望台
寒風山回転展望台
Kampuzan Kaiten Tembodai

富士山
富士山
Fujisan

富士山自然遊樂園
ぐりんぱ
Grinpa

富士山博物館
フジヤマミュージアム
Fujiyama Museum

富士山溫泉
ふじやま温泉
Fujiyama Onsen

富士松樹公園
富士パインズパーク
Fuji Pines Park

富士狗狗樂園
富士スバルランド・ドギーパーク
Fuji Subaru Land Doggy Park

富士急行巴士
富士急行バス
Fuji Kyuko Bus

富士急樂園
富士急ハイランド
Fujikyu Highland

富士野生動物園
富士サファリパーク
Fuji Safari Park

湯瑪士樂園隆隆火車大冒險！
トーマスランド　ガタゴトだいぼうけん！

筆劃：十六劃
橫手炒麵
横手焼きそば
Yokote Yakisoba
橋本站
橋本駅
Hashimoto Station
磯乃家旅館
磯乃家旅館
Isonoya Ryokan

筆劃：十七劃
臨海線「國際展市場站」
りんかい線『国際展示場駅』
Rinkaisen "Kokusai-tenjijo Station"
臨海線一日券
りんかい線1日乗車券
Rinkaisen Ichinichi Josya Ken

筆劃：十八劃
舊三笠飯店
旧三笠ホテル
Kyumikasa Hotel
舊輕井澤
旧軽井沢
Kyukaruizawa
舊輕井澤文學之旅
旧軽井沢文学碑めぐり
Kyukaruizawa literary monument course
豐田汽車展示中心
Mega Web
MEGA WEB
豐島園
としまえん
Tosimaen

筆劃：十九劃
蟹場溫泉
蟹場温泉
Ganiba Onsen

筆劃：二十劃
露天溫泉　開運之湯
野天風呂　開運の湯
Notenburo Kaiun-no-Yu

筆劃：二十一劃
鶴之湯溫泉
鶴の湯温泉
Tsurunoyu Onsen

筆劃：二十二劃
讀賣樂園
よみうりランド
Yomiuri Land

林葉亭 達人家の幸福自由行

Ｋ 凱特文化
KATE

Knowledge 知識 * Adventure 冒險 * Taste 品味 * Enlightenment 思維

凱特文化（Kate）——

知識Knowledge、冒險Adventure、品味Taste、思維Enlightenment

一個充滿創意及活力的年輕團隊，為台灣蓬勃多元的出版市場注入文化創意種子。多一點點的冒險與創新，多一點點的思維與啟發，多一點點敏銳的自覺，凱特文化要給讀者最豐富多元的閱讀品味。

凱特文化以專業的出版人自許，更著重書的創意行銷，讓書不只是在書架上流動，也讓每個人隨時隨地都可以見到書的蹤影，更加親近且更愛書。

凱特文化的書系，跟時下流行趨勢與話題同步：

You Can 系列　相信自己有無限可能
有職場人可自我充實的商管書。

愛旅行 系列　帶你走遍全世界各地的風情
給你一場精彩的閱讀旅程。

愛美 系列　一定要美麗
相信所有女人都可以變美。

謝宜芳食尚 系列　健康流行新主張
知名營養師謝宜芳的健康流行新主張。

愛小說 系列　帶你走入文字異想世界
開發多元的小說異想世界。

In Style 星生活　讓明星陪你過生活
讓明星陪你一起過生活。

樂活 系列 快樂生活新主張
快樂生活新主張

凱特文化各系列新書陸續出版中，
敬請期待。

歡迎上凱特文化部落格瀏覽最新消息！
http://www.blog.pixnet.net/katebook

K 凱特文化部落格

想知道凱特文化最新的出版訊息嗎？ 想知道凱特文化作者的最新動態嗎？

想知道編輯的幕後小秘密嗎？

請趕快到凱特文化的部落格，部落格網址：http://blog.pixnet.net/katebook

即日起到部落格留言分享「最省錢的自由行旅遊方法」，即可獲得

「碧兒泉曲線馬甲俏纖霜」試用品一支。數量有限，送完為止！

贈品介紹：碧兒泉曲線馬甲俏纖霜

【產品效果】適用膚質：任何型態膚質皆可適用

【產品效果】以塑實緊型與代謝脂肪的雙效功能，讓身體無時
　　　　　　無刻有如穿上隱形馬甲般維持完美線條。

【質地】清爽的香氛，容易吸收的清透乳狀質地。

【產品功效及作用】以三重塑身機制，層層緊實強化脂肪塑型，
　　　　　　　　　並且有效燃燒脂肪，打造緊實完美曲線。

K 凱特文化

圖書禮券
好禮回饋活動

為慶祝凱特文化新開幕，凱特文化特別回饋所有舊雨新知的讀者，即日起凡購買凱特文化新書即加贈圖書禮券一張（面值50元）。憑凱特文化圖書禮券截角，至郵局郵政劃撥購買凱特文化任一書籍，即可折抵差額。

壹、郵政劃撥購書使用辦法：

〔1〕每書限用一張圖書禮券，不足之金額請以現金補齊。

〔2〕請將圖書禮券右方之印花剪下（不可影印），貼在郵政劃撥單的通訊欄內。

〔3〕請在劃撥單上通訊欄上依序填上「欲購買之書目」、「價錢」、「須補足之差額」、「收件人」與「收件地址」。

〔4〕郵資：所購買之書目定價乘以一成（0.1）即為郵資。

〔5〕請將「郵資」與「補足之差額」加總即為「匯款之金額」。

貳、劃撥帳號、戶名：

劃撥帳號：50026207

戶名：凱特文化創意股份有限公司

洽詢電話：02-2375-5885

K KATE 50元

〔1〕本圖書禮券使用期限為2008年12月31日。

〔2〕一張圖書禮券限折抵一本書，不得合併使用。

〔3〕本圖書禮券不得影印使用，影印視為無效。

〔4〕本圖書禮券不得折損，否則視為無效。

凱特文化 愛旅行 12

達人家的幸福自由行 林葉亭
日本關東全記錄

作者：林葉亭
發行人：陳韋竹
總編輯：嚴玉鳳
編輯：張嘉君
封面+版面設計：陳玫玉
美術編輯：葉馥儀
行銷企劃：王柏聲
出版者：凱特文化創意股份有限公司
地址：台北市100重慶南路121號5樓之4
電話：（02）2375-5878
傳真：（02）2375-5885
劃播帳號： 凱特文化創意股份有限公司
讀者信箱：service.kate@gmail.com

經銷：農學社
地址：台北縣新店市寶橋路235巷6弄6號2樓
電話：（02）2917-8022
傳真：（02）29156275

初版：2008年7月
定價：320元

國 家 圖 書 館 出 版 品 預 行 編 目 資 料

林葉亭--達人家の幸福自由行---日本關東全紀錄/林葉亭著
—初版.—臺北市：凱特文化創意,2008.07
面； 公分(愛旅行；12)
ISBN 978-986-6606-03-8(平裝)

1.旅遊 2.日本

731.9   97009965

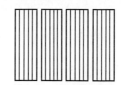

廣　告　回　信
台 北 郵 局 登 記 証
台北廣字第２７７６號
免　貼　郵　票

台北市100重慶南路一段121號5樓之4
凱特文化　收

姓名：

地址：

電話：

K 凱特文化 讀者回函

敬愛的讀者您好：

感謝您購買本書，請填妥此卡寄回凱特文化出版社，即可獲得以下

精美贈品，數量有限，送完為止。

1. **特選秋田米**(1kg裝 市價395元)
2. **三麗鷗彩虹樂園免費招待券**(市價 8800日幣/組)
3. **新宿Sanrio Gift Gate消費滿額限量商品兌換券**

並且我們將不定期給您最新的出版訊息與特惠活動資訊！

您所購買的書名：＿＿＿＿＿＿＿＿＿＿＿＿＿＿＿＿＿＿＿＿＿

姓名：＿＿＿＿＿＿＿＿＿＿＿＿＿＿　性別：□男　□女

出生日期：＿＿＿＿＿年＿＿＿＿月＿＿＿＿日　年齡：＿＿＿＿＿＿

電話：＿＿＿＿＿＿＿＿＿＿＿＿＿＿＿＿＿＿＿＿＿＿＿

地址：＿＿＿＿＿＿＿＿＿＿＿＿＿＿＿＿＿＿＿＿＿＿＿

E-mail：＿＿＿＿＿＿＿＿＿＿＿＿＿＿＿＿＿＿＿＿＿＿

＿＿＿＿　學歷：1.高中及高中以下　2.專科與大學　3.研究所以上

＿＿＿＿　職業：1.學生　2.軍警公教　3.商　4.服務業

　　　　　　　　5.資訊業　6.傳播業　7.自由業　8.其他

＿＿＿＿　您從何處獲知本書：1.逛書店　2.報紙廣告　3.電視廣告　4.雜誌廣告

　　　　　　　　5.新聞報導　6.親友介紹　7.公車廣告　8.廣播節目

　　　　　　　　9.書訊　10.廣告回函　11.其他

＿＿＿＿　您從何處購買本書：1.金石堂　2.誠品　3.博客來　4.其他

＿＿＿＿　閱讀興趣：1.財經企管　2.心理勵志　3.教育學習　4.社會人文

　　　　　　　　5.自然科學　6.文學　7.樂藝術　8.傳記　9.養身保健

　　　　　　　　10.學術評論　11.文化研究　12.小說　13.漫畫

請寫下你對本書的建議：＿＿＿＿＿＿＿＿＿＿＿＿＿＿＿＿＿＿

＿＿＿＿＿＿＿＿＿＿＿＿＿＿＿＿＿＿＿＿＿＿＿＿＿＿＿＿＿＿

＿＿＿＿＿＿＿＿＿＿＿＿＿＿＿＿＿＿＿＿＿＿＿＿＿＿＿＿＿＿

＿＿＿＿＿＿＿＿＿＿＿＿＿＿＿＿＿＿＿＿＿＿＿＿＿＿＿＿＿＿

KATE